生活の「自立・自助」と社会的保障

——グローバリゼーションと福祉国家——

相澤 與一 著

創 風 社

目　次

はじめに（主題の開示）　5

第1章　私の社会保障研究の観点と方法　14

第2章　社会保障制度の諸定義への反省　18

　　第1節　社会保障制度審議会の 1950 年勧告　18

　　第2節　制度審議会の 1995 年勧告における社会保障・
　　　　　社会福祉構造改革論　21

第3章　資本主義的な生活原則としての
　　　　「自立・自助」原則の二面性　26

　　第1節　資本主義的な受救貧困の抽象的な必然性　26

　　第2節　救貧および公的扶助による社会的生活保障の必然性　29

　　第3節　共済保険から社会保険を経由して社会保障に至る経済的および社会
　　　　　的必然性　31

　　（補論）relative deprivation を人権剥奪的な社会的貧困にして要扶助貧
　　　　　困とみること　35

第4章　資本主義的な「自立・自助」生活原則の形成・展開　37

　　第1節　清教主義的倫理としての「自立・自助」原則の生い立ちとそ
　　　　　の社会的強制　37

　　第2節　英国の自由主義時代の社会政策と新救貧法体制　45

　　第3節　熟練労働者たちの集団的自助運動の展開　51

　　第4節　自由主義的貧困観＝「自立・自助」原則の動揺と国営労働者保険の
　　　　　生成　54

第5章　国家独占資本主義化のもとでの社会保障の形成と
　　　　その諸矛盾　63

　　第1節　両大戦間における「全般的危機」対応の社会保障的な変容　63

　　第2節　戦後英国型の福祉国家の形成とその諸矛盾　66

むすびに代えて　78

　　（1）民主主義と生存権の保障　78

　　（2）グローバリゼーションと福祉国家と福祉の国際的連帯　79

はじめに（主題の開示）

　私は，2020年のことし米寿です。もはや残生も僅かなのに，この世は問題だらけですね。

　私が国立大学の教員として32年勤務して65歳の定年の時に受け取った退職金は，たしか3100万円ほどでした。そんなにあったの，と思われる方もおられるかもしれませんが，それはまったく貯金にまわせず，61歳で家を立て替えた時に借りた住宅ローンの一括返済で消えました。もちろん，その後も繰り返し補修費が掛かりました。ところが晩年になってみれば，同居家族は激減し，空部屋に本だらけで，つくづく持ち家は無駄が多く，貧乏の原因だと思います。私の大学の恩師は，立派な学者でしたが，戦時中に治安維持法違犯容疑で退職させられて退職金も僅かだったせいか，生涯借家住まいでした。

　戦後でも日本では，公営住宅の供給がごくわずかで，自己責任での持ち家推進政策が取られました。サッチャーが公営住宅を売り，持ち家推進政策に大転換する前までは，公営住宅が過半を占めた英国などとは対照的でした。もっとも英国のブライトン在住のプレイデイみかこさんたちがお住まいの高層の元公営住宅は，うっそうたる緑の中に住むミドルクラスからは軽蔑されていました。とにかく，基本的な生活問題である「住宅問題」における「福祉国家」の欠如を代表する持ち家推進政策は，財界の要求に応える住宅政策であり，私もそれに巻き込まれ，住宅ローンなどで貧乏させられることになったのです。

　さて，その退職金問題にも関連して，今年，みんなが新型コロナウイルス感染症問題で政府の緊急事態宣言のもと「自粛」を「強制」されて生活困難に喘ぎ，医療関係者は命を賭けて苦闘している最中に，安倍によって特に目をかけられた東京地検の検事長，黒川弘務が新聞記者たちと賭けマージャンをしていたことが週刊誌で告発されてばれ，辞職しました。この元検事長はその社会的立場と真っ向対立する「賭博」を常習的に行っていたのですから，当然，懲戒免職にされるべきで，これが社会的常識です。東京地検は，かつてはロッキード事件で田中角栄首相を逮捕し起訴したこともあるのに，黒川の指揮の下では，安倍に露骨に奉仕してきたのです。

　例えば，安倍は，福島第一原発の現地では高濃度のストロンチウムを含んだ

汚染水の大量漏水で大さわぎをしていた最中の 2013 年 9 月 7 日に，国際オリンピック委員会の総会で汚染水は完全にコントロールされていると，真っ赤な嘘をつきました。その翌日に，東京地検は，業務上過失致死傷容疑で告訴されていた東電幹部と政府関係者の全員を不起訴処分にしたのです。国会事故調査委員会でさえ大人災であると断じた福島原発事故の責任を誰も負わなくてよいとする暴挙です。黒川の東京地検はまた，安倍夫妻による「桜を観る会」事件などによる公金不正流用の告発状を受理もしないという暴挙を犯しています。そこで，安倍は，黒川に特別に目をかけ，彼を次の検事総長にして自分の護衛犬にしようとし，閣議決定で検察庁法の解釈を曲げ，彼の定年を延長して法曹界からも非難されたので，後付で検察庁法まで改訂しようと法案を出したのです。これがまた爆発的な社会的反発を買う中で黒川の賭博がバレたものですから，安倍は，法案は撤回したものの，特例的に定年を延長した黒川を懲戒処分にしたら，目も当てられない責任問題になることをおそれ，罰則のない訓告にしたのです。そこで黒川は，自己都合退職を許されたために，かれの退職金は満期の場合より 800 万円減の 6 千万円弱になるのだそうです。黒川はもちろんですが，それ以上に破廉恥な安倍こそ辞めるべきではないでしょうか。黒川は，弁護士の有資格者なので，検事総長にならなくとも生活には全く困らないのです。いやむしろ彼の破廉恥行為を勲章にして権力の犬として重用されることでしょう。今の日本は，そういう国なのです。

　あわせて，こういう札付きの権力の犬と賭博を共にして情報を得ようとする記者たちを使う大新聞社もけしからんのです。最近は世論の反発もあって中断しているそうですが，安倍によるマスコミ幹部の接待的な会食は日常茶飯事でした。日本のマスコミの権力からの自立度の低さは，国際的に有名なのです。

　ご存知の通り，この黒川の飼い主は，旧満州を牛耳った元高級官僚で戦後首相になり，1960 年に日本史上かつてない規模の反対運動に逆らって安保条約の改訂を強行し，日米安保条約を軍事同盟化したあの岸信介の孫なのです。安倍は，岸がし残した自衛隊をグローバル戦争用の軍隊に格上げする課題を完遂しようとして「戦争法制」の閣議決定による自衛隊の海外派遣などの実績を積み，その法的後付をも兼ねて憲法まで変えようとしているのです。

　さらにこの安倍もまた一種のしっぽ振りであることは，横暴・横柄なトランプへの卑屈な態度にもよく現れています。彼はまたトランプなどと同様にグローバル化した金融・独占資本へのしっぽ振りとして，「ネオ（＝反動的最新版の）

自由主義」政策に血道をあげています。

　私にとってその最大の証拠は，彼らの原発推進政策です。私は，世界史的な福島原発災害の地に住み，その被害の一端をこうむった者として，米日の財界の要求に応えアメリカと組んで原発政策を進めてきた歴代自民党政府首相の後継者として，福島原発の過酷事故のあとも原発再稼働政策を推進している安倍たちを許すことができません。安倍たちは，福島原発災害の教訓に学ばず，東電のような独占資本の救済には税金を湯水のように使いながら，なおかつ増え続ける汚染水の後始末さえまったくできずに，ミサイル一発でぶっ飛んでしまう原発の再稼働に狂奔しているのです。彼らによる税金横領と民衆の命と健康に対する「破廉恥な無責任」の罪は，糾弾されなければなりません。彼らは，足尾鉱毒事件を含めて明治以来の権力者たちが財閥・独占資本に奉仕して人民の生命と財産をないがしろにしてきた「破廉恥な無責任」の罪の系譜を継ぎながら，原発利権にたかるグローバル独占資本群に政治献金等によって飼われてしっぽを振っているのです。

　したがってまた，安倍たちは，国民の生存権を守るべき「福祉国家」のリストラに余念がありません。それが今回のコロナ禍に遭って保健所の混乱と医療危機を生んだのです。

　本書は，国民の生存権を保障すべく第二次大戦後に立ち上げられた欠陥大き「福祉国家」，この現代国家独占資本主義のそこそこ民主化された国家の「福祉国家」的な側面をリストラせずにはグローバリゼーションによる国際競争の激化と財政危機を凌げないと考えて改悪を重ね，「福祉国家の危機」を強めているネオ自由主義的政策を糾弾し，社会保障の民主的な包括的改革を要求することを主旨として起稿したものでした。ところが，この政策課題は，「国民国家」レベルの国家独占資本主義的な観点だけでは解けないのであって，経済のグローバリゼーション下にグローバル金融・独占資本の制圧のもとにある問題として考察する観点も必須であること，しかしそれでも政策論的には国家の政策論として解くしかないジレンマをもつことを痛感しました。これをマルクスの「経済学批判体系」における「プラン問題」に対応させれば，「国家」論と「世界市場」論レベルの今日的な難問であることに気づいたわけです。

　したがって本書は，ネオ自由主義的に「福祉国家」をリストラして生活を自己責任で「自立・自助」させる攻撃に生存権擁護の観点に立つ生活の社会的保障を対置する「社会保障の基本問題」を歴史理論的に深めることを主旨とする

ことになったのです。

　おまけに稿を進める中で，新型コロナウイルス感染症のグローバリゼーションに遭遇し，福祉国家のリストラが命の安全保障装置を破壊するものであることを痛感させられました。わが国での保健所のリストラと医療欠乏による難儀も大問題ですが，公的医療保険もなくネオ自由主義的な福祉国家リストラの先頭を行くトランプ王国がコロナ感染の大爆発に見舞われ，もっとも多くの死者を出しているのです。トランプの WHO 非難は，自国の惨状の子供じみた責任転嫁なのです。

　このコロナ禍のグローバリゼーションによって露呈した「福祉国家の危機」問題については，後でまた言及することにしましょう。

　なお，付随的な訳語の問題ですが，日本では個人主義的な市場原理主義や規制緩和と民営化，反福祉国家主義を特徴とする近年流行の neo-liberalism を「新自由主義」とよび，これを定訳としています。それに反対するわけではありませんが，英語の本国では，20 世紀初頭からの改良主義的な自由主義を指す new Liberalism という用語も用いられ，これがのちにベヴァリッジ型の「福祉国家」主義に展開したのです。これも直訳すればやはり「新自由主義」なのです。しかし，この「ネオ」と「ニュー」は，ほとんど正反対なのです。１９世紀に最も栄えた自由主義の生活原則は，個人主義的な自立・自助の原則です。これには，個人の独立と自主的努力を勧める積極面と，救貧扶助を中心とした公的福祉を排除して個人に貧困の全責任を負わせる反福祉主義との両面がありました。両者は，生活の自立・自助を求める点では共通だったのですが，この後者の反福祉主義が大失業などで破綻する中で，社会と国家の民主化と結合して改良主義的な前者への移行が生じ，戦後の「福祉国家」主義に発展するのです。ところが経済のグローバリゼーションと財政危機のもとで，グローバル化した独占資本が福祉国家主義を資本蓄積の障害として排撃するようになると，その利益を代弁する各国の政府は，歴史的に反動的な「ネオ自由主義」を追求するようになったのです。こういう歴史的な文脈の理解はとても大事なので，私は，反動的な最新版の自由主義をあえて「ネオ自由主義」と呼ぶのです。

　ついでにもう一つ，本書では，あえて「福祉国家」（Welfare State）という言葉を多用します。もちろん，これを無条件に肯定して用いるわけではありません。「福祉国家」という言葉は連合国側が，前の大戦中に枢軸国側を「戦争国家」（War State）と非難し自らを擁護するためにそう呼んだことに由来し，戦後の冷戦

体制のもとでは自由主義陣営の代名詞のように用いられる傾向さえありましたので，私は暫くこれを用いませんでした。しかし，とくにグローバリゼーションのもとでネオ自由主義政策による戦後の民主化と社会保障に対する反動的な攻撃が強まる中で，戦後国家独占資本主義国家の「福祉国家」的側面を積極的に防衛し民主的に変革することが我々の歴史的課題となりましたので，本書でも積極的にこれを用いることにしたのです。

　もちろん，福祉国家のリストラ攻撃に対しては，個別具体的にも問題を明らかにして対抗しなければなりません。この問題への対応について，私は，最近の拙著『社会保障のルネッサンス ― 医療と介護の民主的な包括的社会化 ―』（創風社，2019 年）においてもこれを多少糾明し，改革の基本的方途について提案しました。

　そこでの改革要求の一つは，わが国では社会保険を利用してサービスを受けるときに「応益利用者負担」，つまり「一部負担」を支払わなければならず，その金がないとサービスが「買えない」仕組みにされていて大いに困るので，「一部負担」の廃止を要求するということでした。

　そもそも現代（福祉）国家の社会保障の根幹とされる社会保険は，保険事故が生じたときの必要に備え，保険料と公費をもって保険基金をつくり，事故があれば，本人に代わってその必要を支弁し，不慮の支出を避ける制度なのです。だから，社会保険の祖国であるドイツには，この「一部負担」制度がありません。同じ負担でも一部負担のない社会保険でまかなわれる方が，被保険者の不慮の支出が少なく，合理的なのです。

ところが，困ったことに，近年の日本ではこの「一部負担」の廃止を要求する運動がほとんどみられないのです。これには，保険学会も大いに責任がありそうです。押尾直志氏のような優れた保険学者の『保険経済の根本問題』（ミネルヴァ書房，2017 年）を見ても，この「一部負担」問題が重視されていません。大学の社会福祉関係の教科書のなかには，利用しない人との公平をはかるためには「一部負担」が必要であるという，社会保険と私保険を一緒くたにする説明も見られます。

　その背景には，介護保険のように社会保険を保険料の拠出と一部負担による自助的な保険主義優勢の保険にしてきた政府の政策があり，この種の説明はそれを忖度しているのです。しかも，専門的な国家機関であったかの社会保障制度審議会の 19 95 年勧告も，後付で次のようにこの政策を支持していました。

「社会保障制度を維持・運営する責任は基本的に公的責任であり，国及び地方公共団体は国民が必要とする社会保障の給付が確保されるようにする最終的な責任を負う。しかし，社会保障の費用負担については，社会連帯の考えに基づく社会保険料や社会保障公費負担を主にしつつも，サービスの利用者も相応の負担をしていくことが適当である。」

おかしいですね。社会保険事故には不幸な事故が多く，事故に遭えば経済的にも精神的にも苦しくなるのですから，事故に備えるための保険料負担のほかに，お見舞いを出すどころか，わざわざ追加的に「一部負担」を取り立てていいはずがないでしょう。

それに，そこには「一部負担」がなぜ「適当」なのかの説明は，まったくありません。説明もしないで一部負担を取り立てるのは無責任な収奪です。やはり，できるだけ自助的負担を多くし，保険主義的な保険にして公費および使用者負担，つまり社会的扶養を減らすためなのです。そもそも，この勧告の主旨は，行政措置費による社会福祉をやめて，保険主義的な介護保険制度に変えることにあったからです。

実際，介護保険における「一部負担」も実に重いのです。私の場合，週1回半日の予防リハビリを受けていたときの私の一部負担は，最初の2割負担の時は月1万4千円ほどでしたが，その後に3割負担とされた途端に月2万2千余円にひきあげられました。こう重くては，予防リハビリのための通所も困難になり，辞めました。とにかく，「一部負担」制度は，反福祉的で，不当なものなので是非とも廃止すべきです。

このように1990年代以降いっそう強められたネオ自由主義的な「自立・自助」論をふりかざす社会保障構造改革論は，生存権的な基本的人権をも大いに侵害しています。たとえば，低所得者が高い国保税を滞納すると保険証の交付を断られ，滞納分の一部を納入して短期保険証を受けても，受診にはやはり一部負担があるので受診を躊躇していて手遅れとなる人が少なくないのです。

ちなみに，東京大学社会科学研究所編『基本的人権の研究Ⅰ総論』（1968年）の第三章「現代資本主義と基本的人権」において，渡辺洋三氏は，つぎのように書いていました。

「社会保障の権利は，今日，いちばん固有の意味で，生存権的基本権と呼ばれるところのものである。」自由権的な生存保障は，国家の介入に消極的であったが，独占資本主義，とくに「経済的市民社会の自由な運動によって生存を確保し得

ないという状況が一般的普遍的となる」国家独占資本主義のもとでは，国家による生活保障が本格化する。独占段階以降の構造的失業に対応して，国家による生活保障は，まず社会保険の体系として現れる。「しかし，社会保険は，それが拠出制の保険である限り，自分が出したものを回収する仕組みを基本的に前提としており，その意味で社会保険の権利は，やはり商品交換の原則の上に立つ市民的権利であるといえよう」（247 〜 249 頁）。

　このくだりにおいて，「社会保障の権利は，今日，もっとも生存権保障的な基本的人権である」という点は，憲法に即していて正しいのですが，このように社会保険は被保険者の保険料負担で反対給付を得るというだけでは，そういう契約になっていれば「一部負担」も当然ということになってしまい，社会保険論としては不十分なのです。社会保険は，福祉国家的な国家独占資本主義の政策装置になるほど，保険主義を弱め，社会的扶養性を高め，全国民生活の生活保障装置に発展する可能性をももつのです。もちろん，そのためには，社会的扶養性を高めることが必要です。具体的には，「基礎年金」はせめて生活保護基準にまで高めて「最低生活保障年金」とし，その財源をすべて国庫負担にし，さらに生活保護の捕捉率を高めれば，社会保障による最低生活保障が進むのです。つまり，公的年金保険と公的扶助の双方による普遍的なベーシック・インカム保障を整備することが必須なのです。

　ただし，これは，とくに日本では容易ではありません。グローバルな独占資本主義化のもとで，社会保険も「自立・自助」的な保険主義を強め，生活の収奪と統制の装置とされがちであるからです。ここに拠出制社会保険が「健康で文化的な最低限度の生活」保障装置になりにくい原因があるのです。このような葛藤と制約の必然性をも十分に理解しながら，社会保障運動を進めることも必要なのです。)

　ちなみに，2020 年の春，我々は新型コロナ感染症に襲われ，それによって生ずる大量失業に対応するための最低生活保障措置として，選別的な３０万円給付に反対して普遍的な 10 万円の給付を選択しました。つまり大量失業による所得喪失に対しては拠出制社会保険による選別的給付では対応できず，一時的であれ，一律 10 万円のベーシック・インカム保障の方が有効であることを体験しているわけです。経済と感染症のグローバリゼーションによる生存の危機に直面して，改めて普遍的な最低所得保障の必要に迫られているのです。

　1980 年代以降に強められた低成長による財政危機とグローバリゼーションの

12

もとで，基本的人権としての生存権，「健康で文化的な最低限度」の生活保障の原理を事実上否認する市場原理主義的なネオ自由主義として，「自己責任」による「自立・自助」の生活原則が復古的に再強調されていますので，本書は，表題の通りこれを批判し克服することを主目的とするものです。

　（「自己責任」主義による「自立・自助」の生活原則の再強調による福祉国家解体攻撃は，グローバルな独占資本による搾取と収奪を自由化するための「規制緩和と民営化」を国家の武力をはじめとする強権によって切り開くものであったことを忘れてはなりません。この攻撃の先頭には，サッチャー首相とレーガン大統領とが立ちました。

　英国で 1979 年 3 月に政権を取ったサッチャーは，1982 年にチリを相手にフォークランド戦争を決行し，「愛国主義」を煽って人気回復をはかり，労働組合の規制力をつぶすために産業合理化と行政改革によって失業を急増させ，1980年の「雇用法」と 1984 年の「労働組合法」によって労働基本権を大きく侵害しました。この福祉国家解体攻撃に対する最大の抵抗勢力であった国営の産業または企業の労組，とりわけ「全国炭鉱労働者組合」（NUM）をたたきつぶそうとして，1984 〜 85 年に仕掛けた大争議において軍隊と警察までを動員して介入し，困窮する労働者たちから生活扶助を剥奪し飢えさせて叩きのめしたのです。彼女の福祉国家攻撃は，ファウラー計画による 1986 年の「社会保障法」の制定と，NHS の浸食的な民営化と内部市場化が代表的でしょう。

　USA 帝国主義の戦術もひどいものでした。1970 年にチリに議会制民主主義による社会主義への移行をめざす民主連合政府が成立し，産業の国営化を含む福祉国家的な改革に着手しました。合衆国政府は，この民主政府を転覆するために，CIA の秘密工作をもって右翼のピノチェット将軍をそそのかし援助して，1973年 9 月 11 日にクーデタを決行させ，アジェンダ大統領を殺して政府を転覆させ，抵抗者を大量に虐殺させ，公的年金保険の民営化を含む「規制緩和と民営化」を強行させたのです。

　また，レーガンは，大統領着任早々の 1981 年に航空管制官労組が彼の要求を拒否して行なったストライキに際し，参加者全員を全員解雇し，空軍要員をスト破りに使い，労組に再加盟しない誓約書をとって労組を敗北させました。19世紀初期さながらの野蛮な手段で団結を破壊し，最大の抵抗勢力である労組を叩いて力を削ぎ，ネオリベラルなレーガノミックスを推し進めたのです。

　日本では，中曽根康弘内閣が「臨調・行革」の一環として専売公社，電電公

社の民営化のあと，1987 年の 4 月に国鉄の分割・民営化を強行し，組合員の差別解雇によって最大・最強の労組，国労に致命的な打撃を与えました。

　さらに小泉内閣は，1990 年代末から世紀をこえて郵政三事業を民営化し，その預金高 350 兆円を財政投融資に流用したのです。）

第1章　私の社会保障研究の観点と方法

　あらかじめ，現在思う感慨を書き留めておけば，社会保障政策は，戦後国家独占資本主義のケインズ主義的な「福祉国家」において，一方の「完全雇用」政策を中心とする労働政策体系と双璧をなす社会政策体系といえるものです。私は，先駆的に「国家独占資本主義社会政策論」を目指された服部英太郎先生の衣鉢を継いで，それを発展させ具体化させる学問的任務をもつ者として努力して参りました。服部先生のそれは，浩瀚な『ドイツ社会政策論史』の研究知見を戦後日本の社会政策論に照射しようとされたものです。しかし，先生の「国家独占資本主義社会政策論」は，ほとんど体系化されず，その観点の時代的制約も大きくて，「全般的危機」下のファッショ的な国家独占資本主義論に限られたもので，戦後の「福祉国家」化や「グローバリゼーション」などには射程が及びませんでした。それらは，すべて私たちに残された課題だったのです。

　さて私は，1991年に『社会保障の基本問題』と題する拙著を未来社から上梓させていただきました。この拙著は，1982年に英国労働史の研究を深めようとして訪英したとき，がんを病んで，NHSの大病院で手術などを受けたために，涙を飲んで帰国し，余命もあまりなさそうでしたので，研究テーマを変更し，NHSでの医療経験を生かして，短期間に社会保障研究にめどを付けようと着手したのでしたが，結局，１０年もかかってしまいました。そこでの「基本問題」の主張は，今でも有効であると考えていますが，問題把握において一国資本主義的な視野狭窄もあったと思います。いずれにしても，このNHS体験が私の研究重点の転機となりました。

　私は，もともと歴史学科の出身だったせいもあって，実証性を重んじたかったのですが，一次資料へのアクセス条件が悪かったうえに，ようやくありついた海外研修が挫折したために，なお一層困難になりました。そこで，現地調査などによる一次資料の蒐集と検討はその便に恵まれた他の研究者にゆだね，もっぱら文献研究から有力な言説や知見を拾って主に理論的に再検討することを研究方法とするようになりました。

　すでにその種の経験がありました。その中には，「労働の社会化」論について

の考察もあります。私は，拙著『現代社会と労働＝社会運動 ── 労働の社会化と現代の貧困化』(労働旬報社，1979 年) において，当時有力だった労働の社会化を労働者階級の統治能力の発展に直結させる見方を短絡的であると批判し，賃労働は疎外された労働なのであるから直接には資本蓄積に包摂されて「貧困化」を伴い，それとの葛藤・闘争によって疎外された労働の社会化を階級的成長の条件にも転生させうるとし，そして労働の社会化には直接的生産過程における協業という直接的な社会化と流通市場を媒介にしての間接的な社会化とがあり，それぞれに肯定的な側面と否定的な側面があるとする二面性の把握あるいは複眼的な見方が必要であると主張しました。

　こういう二面的な見方に導かれた原因としては，戦後の資本主義体制が国際的なブレトン・ウッズ体制に連結・編成される諸国家による管理通貨制と財政金融政策を中心とする国家独占資本主義化という高度の社会化を経ても自動的には変革主体の成長に導いていないどころか，かえって労働運動は右傾化し，ソ連や中国は覇権主義と官僚主義を強めて反マルクス主義に転落しつつあるという歴史的現実を重視したこと，また根源的には労働力商品が価値的には剰余価値の搾取対象として資本蓄積法則に包摂されて資本に隷属し貧困化しやすい傾向をももっており，使用価値的には生産力発展の基本的な担い手として発達する二面性も影響していると考えられたからです。この試論的な問題提起に対しては，賛否から懸念におよぶさまざまなご批評をいただきました。

　もう少し経ってから，さらに社会化の二面性把握の方法を生活の社会化論にも拡張し，江口英一先生との共編著『現代の生活と「社会化」』(労働旬報社，1986 年) の第一章に，「戦後日本の国民生活の社会化──その諸矛盾と対抗の展開」を書かせていただきました。この方法は，このように，社会保障および社会福祉論にも適用できると考えてきました[1]。

　はやいもので，『社会保障の基本問題』の上梓から，もう 30 年ほどになります。この間に到達した観点のなかでもっとも大局的なものは，おそらく労働総研社会保障部会を足場にしてなされた集団的労作である相澤與一編『社会保障構造改革　今こそ生存権保障を』(大月書店，2002 年) の冒頭拙論「序章　社会保障『構造改革』の展開と社会保障理論」であると考えられます。

　いまこれをかいつまんでいえば，一般的には，資本蓄積の一般的法則による貧困化のために生活の社会的保障の必要が必至であるにもかかわらず，資本制的な生活原則としての自己責任主義による「自立・自助」の原則を強いようと

する社会福祉攻撃がやむことはないという矛盾＝対立があり，特殊的には国家独占資本主義国家の「福祉国家」的な生存権保障機能と支配・収奪機能との二面性間の対抗が展開するものとして社会保障を研究する観点と方法です。

　この本が出たのは，息子が夭折した2001年の翌年です。この時期に得られた実践的な知見のなかで最大のものは，息子が大学生のときから精神を病んで苦闘の末に，結局2001年1月8日に36歳の若さで心筋梗塞のために夭折するという最大級の不幸に導かれて取り組んだ精神障碍者福祉活動です[2]。それは，障碍者ケアの自主的な社会化の経験ということになるでしょう。また，最近では，85歳からの介護保険の「利用」経験があります　。

　介護保険制度によって本格化された社会福祉サービスの営利市場化は，公費負担をおさえて国民大衆に費用負担を逆進的に転嫁する「構造改革」の手段として推進されているものです[3]。そのなかで福祉NPOや医療生協などの福祉事業までも，非営利的にですが，市場化をよぎなくされているのです。
この「構造改革」政策によって障碍者福祉制度もおかされ，それとたたかう経験も増えました。社会福祉構造改革の一環として2006年に「障害者自立支援法案」が上程され，障碍者への福祉サービスにも医療サービスにも利用者負担が課されることになったとき，我々の施設でも施設利用料を一挙に数倍にしなければならなくされましたので，私も当事者として全国の仲間と共同して反対運動に決起し，その一環として，拙著『障害者とその家族が自立するとき　―　「障害者自立支援法」批判　―』（創風社，2007年）を上梓しました。

　なお，この資本制的な社会保険の全体を貫通している防貧と支配・収奪の二面性は，実は社会保険の政策主体である資本制国家の本来的な二面性，すなわち階級的な支配・収奪機構としての側面と擬似共同体的な国民の生存保障機構の側面の具体的な展開であると考えはじめています。

　さて，資本主義のもとでの生活保障問題，その主要な政策手段としての社会保障の必然性，また後者を貫く保険主義を解きあかすためには，資本主義下の基本的な生活原則とされてきた「個人責任」による「自立・自助」原則の吟味を避けては通れません。

　思い返せば，拙著『社会保障の基本問題』は，80年代前期の「臨調・行革」を画期として強められた反福祉国家的なネオ自由主義の思想と政策に対決することを本旨とするものでしたので，ネオ自由主義者たちが濫用している「自立・自助」論に「社会的保障」を対置するものでした。中央大学の経済学会で開催

して頂いたこの本の合評会の席上で，全体的には好評だったのですが，川口弘先生だったでしょうか，積極的な自助もあるのではないでしょうか，とつぶやかれたのを思い出します。そうなのです。私が批判したのは，グローバルな独占資本のあくなき蓄積欲とその代弁権力による反福祉国家的な「自助」の強制だったのです。自立・自助論を一概に否定すると，その中に含まれる積極性までも水に流し，とくに改良につながる諸契機をつかめなくなるおそれがあります。資本制的な自助原則そのものまでが二面的で矛盾をはらんでおり，それを止揚する契機をもはらんでいるはずなのです[5]。　本書では，この「自立・自助」原則の歴史的および理論的な検討を重視しました。

　この問題を含めて，あらためて思うに，ものごとに含まれる対抗的な二面性の矛盾の展開として社会的事象を観察することが大事なのです。私のこのようなものの見方と考え方は，なかば無意識に『資本論』から学んだようです。そこでは，資本主義社会の富の出発点をなす「商品」が使用価値と価値の二面性をもち，それを生産する労働が具体的有用労働と抽象的人間労働の二面性をもち，価値形態に表現されるその矛盾の展開が貨幣を経て資本に転化することが論じられています。このような矛盾論の方法が本書が目指した方法なのです。

1）最近では，拙稿「健康で文化的な介護保障を目指して」（『長寿社会を生きる』新日本出版社，2019年）第9章がこれに触れました。また岡崎祐司「暮らしと福祉の現場で社会福祉をどうとらえるか」（総合社会福祉研究所編『現場が創る新しい社会福祉』6章（かもがわ出版，2009年），も，この問題に触れています。

2）拙著『されど相澤與一』（総合社会福祉研究所，2019年）90~93頁参照。

3）横山寿一著『社会保障の市場化・営利化』〈新日本出版社，2003年〉参照。

4）ナチス・ドイツについては『服部英太郎著作集Ⅱ，ドイツ社会政策論史（下）』（未来社），日本については，拙著『日本社会保険の成立』（山川出版社）④⑤⑥などを参照されたい。

5）このような考え方については，たとえば公的扶助研究会の『生活保護50年の軌跡』所収の笛木俊一稿「公的扶助の光と影」が135〜136頁で拙著『社会保障の基本問題』を取り上げて，このような見方の意義を評価されていますので，ご覧ください。

第2章　社会保障制度の諸定義への反省

第1節　社会保障制度審議会の 1950 年勧告

ごく一般的には，社会保障とは，国家が国民の生存権を国家の責任において保障し，そうすることで社会と国家の安全保障をもはかる社会政策であるといえましょう。ただし，戦後日本の社会保障は，国のあり方を民主化し平和主義化するために改訂された「日本国憲法」の第 25 條を根拠とします。それは，周知のように，「国民の生存権，国の社会保障的義務」と題され，「①すべての国民は，健康で文化的な最低限度の生活を営む権利を有する。②国は，すべての生活部面について，社会福祉，社会保障及び公衆衛生の向上及び増進に努めなければならない」と定めました。

しかし，新憲法制定時には具体的な社会保障像が確定されておらず，その策定を引き受けたのは，社会保障制度審議会です。この審議会は，1948 年に公布・施行された「社会保障制度審議会設置法」によって，「内閣総理大臣の所轄に属し，社会保障制度につき調査，審議及び勧告を行う」（第 1 條）任務をもった審議会でした。この審議会は，1950 年 10 月 16 日付で「社会保障制度に関する勧告」を行いました。

この 50 年勧告は，前文の冒頭に日本国憲法の第 25 條を掲げ，目下の国民生活の危機と「社会不安」に対処するためには，不十分な案ではあるが，「政府が即時全面的にこの制度を実施するよう勧告する」として，社会保障制度案を提案しました。そこでは社会保障制度について，次のように定義されました。

「いわゆる社会保障制度とは，疾病，負傷，分娩，癈疾，死亡，老齢，失業，多子その他困窮の原因に対し，保険的方法又は直接公の負担において経済保障の途を講じ，生活困窮に陥った者に対しては，国家扶助によって最低限度の生活を保障するとともに，公衆衛生及び社会福祉の向上を図り，もってすべての国民が文化的社会の成員たるに値する生活を営むことができるようにすることをいうのである。」

揚げ足取りではありませんが，定義の中の「経済的保障」といい，「最低限度の保障」といい，いずれも曖昧で，憲法でいう「健康で文化的な最低限度の生活」

には及ばないおそれは十分にありえたのです。この曖昧さがその後の社会保障裁判にも大いに影響したのです。

　また，「総論」の一において，「国民の自主的責任の観念を害」しないようにするために「社会保障の中心をなすものは」保険料の拠出による「社会保険制度でなければならない」といわれました。つまり自助努力を損なわないようにするために，社会保険を中心にするというのです。

しかし，社会保障の中心とされた社会保険は，自助的な保険料の拠出だけでは賄えません。つまり「保険主義」だけではなく，公費負担を主とする「社会的扶養」を加えなければならないのです。それゆえにまた，丸ごと社会的扶養である公的扶助もまた社会保障の基本的な手段となるのです。

　ただし，それに関連して，文中の「保険的方法」と社会保険の方法とは同じではないことにも注目しなければなりません。賃金労働者たちや低所得の一般庶民の保険料だけでは保険事故費を賄えないので，社会的扶養を加える社会保険が必要なのです。

　ちなみに，保険学の泰斗とみなされた大林良一の『保険総論』（春秋社）の 8 頁には，「保険は，多数の個別経済体の間の危険平均による，偶発的経済必要の計画的充足である」というドイツの学者の定義が肯定的に引用されています。「保険的方法」の方法は，保険事故の費用補償のために，多数の被保険者に自助的な保険料を拠出させて保険ファンドを造り，保険事故に対して保険金を給付するものです。これを自助的な「保険原理」又は「保険主義」というのです。この「保険的方法」は，私保険に於いて開発されたもので，もともと私保険の方法なのです。

　社会保険を私保険から区別するものは，被保険者が社会政策の対象となる賃金労働者などの国民大衆であって，彼らは低賃金と低収入のために経済的に「自立・自助」できないために，彼らの生活事故への費用補償を彼らの保険料の拠出，つまり「保険原理」のみによっては賄えず，国家（および雇主）による「社会的扶養」負担を加えて社会保険基金を造り，保険事故に際しこの基金から補償するなどの社会政策的目的のために運用することにあるのです。社会政策的な目的とは，労働力と社会の再生産のために労働条件などの保護規制と防貧をはかることによって，社会運動の激化や革命を予防するなどして，資本主義体制の防衛をも図ることであります。社会保険が社会保障でありうる程度は，まさにこの社会的扶養性の発展の程度によって決まるのです。したがって社会保険

は，究極的には社会的扶養のみによって行われることを理想とし，そうなれば被保険者による保険料拠出の保険であることを止め，生活保障としては歴史的に過渡的なその大きな役割を終えるのです[2]。しかし，労働力の販売＝稼働による自助を生活原則とする資本主義体制のもとでは，それは補足にとどまるのです。

さて，財政難のもと，社会保障制度審議会の1950年「勧告」は，「総説」の冒頭で，国民生活保障の第一の方法は，「国民の自主的責任の観念（つまり自助の責任感）を害すること」がないようにするために，「社会保障の中心をなすものは自らをしてそれに必要な経費を拠出せしめるところの社会保険制度でなければならない」としたのです。これは，「ベヴァリッジ・モデル」〈3〉と同じ自助的な社会保険理論の誤りをおかすものであり，これでは英国の社会保険と同様に国民の最低生活費の保障にも失敗せざるを得ないのです。日本でも，実際にいまだもって生活保護基準相当の最低年金保障も実現されていません。

さて，1950年勧告では，社会保険の次に，生活困窮者に対する国家扶助を別建てにして特記したのですが，最低生活保障における公的扶助の緊要性に鑑みれば当然のことでありましたし，今でもそうです。そしてそのあとに「公衆衛生及び社会福祉の向上を図り」とされたのは，当時，保健衛生状態も極度に悪く，国民病といわれた結核による多くの有為の青少年の長期療養と夭折があり，その他の伝染病も猖獗を極めていたからであります。

そしてそのあとにあげられた「社会福祉」については，第4編において，「ここに社会福祉とは，国家扶助を受けている者，身体障害者，児童，その他援護育成を要する者が，自立してその能力を発揮できるよう，必要な生活指導，更生補導，その他の援護育成を行うことをいうのである」とされました。これは，生活保護の受給者を含めて，社会保険に加入して経済的に「自立する」ことができない者に対する援護育成を総称したのです。

こうして国民は概念上，保険料の拠出を強制できる経済的な「自立者」と非「自立者」に区分されたのです。しかし，「健康で文化的な最低限度の生活」を保障できない社会保険制度のもとでかかる区別をすることが実際的でないことは，英国の場合と同様であり，社会福祉の対象者はおのずから「劣等処遇」されることになったのです。

（1）ちなみに，『共産党宣言』では，「本来の意味の政治権力は，他の階級を抑圧する

ための一階級の組織された強力である」（大月書店版『マルクス・エンゲルス全集』
第 4 巻 495 頁）とされ，そして「近代の国家権力は，ブルジョワ階級全体の共同事務
を処理する委員会にすぎない（同前書 477 頁），と言われました。しかし，この階級
的支配のための「共同事務」にも，そのために経費を調達するための徴税とか，福祉
費用を共同で負担させる社会保険とか，地域の住民生活の安全を図る警察機構など，
つまり労働力と社会の再生産をはかる機能をも含まざるをえないはずなのです。そう
しなければ，共同社会を基礎としての国家も成り立たないからです。『資本論』の中
にも，それを裏付ける言説があります。「専制国家では政府が行う監督や全面的干渉
の労働が二つのものを，すなわちすべての共同体の性質から生ずる共同事務の遂行と，
民衆にたいする政府の対立から生ずる独自の諸機能との両方を包括している」（大月
書店版『マルクス＝エンゲルス全集』第 25 巻第 1 分冊，481 頁）。前者が人民の生存
保障を含む共同事務，後者が軍隊と警察による治安に当たります。まして現代の民主
制国家では，「福祉国家」的機能，つまり生存権保障のための福祉機能が発展するの
です。

2 ）本間照光・小林北一郎著『社会科学としての保険論』（汐文社，1983 年）参照。

3 ）Social Security and Social Change New Challenges to the Beveridge Models, edited
by Sally Baldwin and Jane Falkingham,1994 参照。

第 2 節　制度審議会の 1995 年勧告における社会保障・
社会福祉構造改革論

　社会保障制度審議会は，1995 年の勧告「社会保障体制の再構築〈勧告〉―
安心して暮らせる二十一世紀の社会を目指して　―」において社会保障制度の
「理念」と制度を大きく修正する勧告を行いました。

　この「勧告」は，一方で「21 世紀の社会保障のあたらしい理念とは，広く国
民に健やかで安心できる生活を保障することである」と述べました。この趣旨は，
これまでは，日本国憲法第 25 条に即して，「すべての国民に健康で文化的な最
低限度の生活」を保障することが「国の社会保障的義務」であるとされてきたが，
「現在では，わが国の社会保障体制は，一部の分野を除き，制度的には先進諸国
に比べそん色のないものとなっている。」「とりわけ社会保険制度の改善により，
今日の社会保険体制は，すべての人々の生活に多面的に関わり，その給付はも
はや生活の最低限度ではなく，その時々の文化的・社会的水準を基準と考える

ものとなっている」。つまり，最低限度の生活はすでに保障済みであり，21世紀にはそれを超える保障が目的とされるというのです。

これは，事実誤認です。たとえば，女性を中心に年金生活者の過半は，生活保護基準を下回る基礎年金しか受けていないし，現に高齢者を中心に受給者が増大の一途をたどっている生活保護の捕捉率は要扶助者の2割前後であるというのが定説なのです。

たとえば，シングル・マザーが健康を害するほど働いても子供にまともな食事をたべさせられないでいる貧困，日本の子供の七分の一，およそ二七〇万人のこどもがまともな食事を食べられないでいる現実を，中島信子の『八月のひかり』（汐文社）でも読んで知り，感じてほしい。

生活保護基準でさえ，全国民中最低10分位の生活水準を比較基準にしているのですから，決して「健康で文化的」ではありません。その生活保護さえ受けるのがとても困難なのです。

この「勧告」は，具体的証拠も示さずに，なぜこういう評価を下したのでしょうか。結論的にいえば，この勧告の主眼は，急速な高齢化による介護需要の急増に直面して，社会福祉における行政措置費の増大をおそれてそれを止め，新規に介護保険制度を制定することによって公費負担の増大を抑制するために，財政負担を介護保険料と一部負担におっかぶせることができるほど国民は豊かになっていると言いたかったのです。この『勧告』は，こう書きました。

「医療や社会福祉などの分野では，そのニーズがある者に対して所得や資産の有無・多寡にかかわらず必要な給付を行っていかなければならない。ただし，その費用については，サービスの性質に応じ，負担能力のある者に応分の負担を求めることが適当である。」

「今後増大する介護サービスのニーズに対し安定的に適切な介護サービスを供給していくためには，基盤整備は一般財源に依存するにしても，制度の運用に要する財源は主として保険料に依存する公的介護保険を基盤にすべきである。」つまり，運用費は保険料と利用者負担におわせて黒字経営にするというのですが，実際にその後の20年間，介護保険は，保険料と利用者負担を引上げ，給付を切り下げることによって黒字経営を続けてきたのです。

もうひとつの論拠は，社会保障における社会保険至上主義です。社会保障を国民の「自立・自助」を前提にしての連帯＝助け合いとみなし，助け合いのためには社会保険が最適であるとする論法です。

「社会保障制度は，みんなのためにみんなでつくり，みんなで支えていくものとして，二十一世紀の社会連帯のあかしとしなければならない。これこそ今日における，そして二十一世紀における社会保障の基本理念である。」「社会保険は，その保険料の負担が全体として給付に結び付いていることからその負担について国民の同意を得やすく，またその給付がその負担に基づく権利として確定されていることなど，多くの利点を持っているため，今後ともわが国社会保障制度の中核としての位置を占めていかなければならない。したがって，増大する社会保障の財源として社会保険料負担が中心となるのは当然である。」

　隅谷三喜男（当時，東大教授）会長に率いられた同審議会の 1995 年勧告は，私も『社会保障制度の「保険主義化」と公的介護保険』（あけび書房，1996 年）において，社会福祉を変質させ改悪するものとして批判し，多くの研究者も反対していたのに，次のように介護保険制度の導入にお墨付きを与えました。

　「今後増大する介護サービスのニーズに対し安定的に適切な介護サービスを供給していくためには，基盤整備は一般財源に依存するにしても，制度の運用に要する財源は主として保険料に依存する公的介護保険を基盤にすべきである。」

　ここにもはっきり「主として保険料に依存する」，つまり自助＝保険主義的な介護保険におきかえることによって，公費負担による社会的扶養をへらし，国民の「自立・自助」的な保険料および利用者一部負担に転嫁する意図が示されています。これで首尾一貫した「自立・自助」強制の論理でもって公的介護サービスをはじめ社会福祉をも市場原理主義による売買関係とする仕掛けが作られたのです。こうして公的介護保険は，公費負担を減らして被保険者の「自立・自助」的な自己負担に転嫁し，民間資本に広く営利的福祉事業領域を提供して日本資本主義を補強しようとしたのです。

　そしてさらに重大なことは，介護保険の導入がもっとも逆進的で大衆収奪的な消費税を導入する口実とされたことです。このように介護保険と消費税の「一体改革」＝一体的改悪が行われたのです。

　しかも，この介護保険制度の導入は，社会福祉全体に「利用者一部負担」を課す「基礎構造改革」の出発点にされました。2006 年制定の「障害者自立支援法」によってこの「一部負担」制度が障碍者の医療と福祉にも拡張されました。障碍者福祉活動に携わる私たちは，これに力を尽くして反対しました。その中で私は，拙著『障害者とその家族が自立するとき　―「障害者自立支援法」批判―』（創風社，2007 年）を上梓して反対の論陣をはったのです。

　1950年勧告が日本国憲法を引用し，国家の責任において国民の最低生活を保障することを主旨としたのに対し，この1995年勧告は，この点にまったく触れずに，社会保険による国民の助け合いを主旨とし，その助け合い機構としての一部負担をも伴う社会保険を介護福祉にまで拡張することを勧告することによって，社会福祉の基礎構造改革論を切り拓くことになったのです。だから，助け合いによる「福祉社会の形成」とだけ強調して，国家による財政的保障の必要性を強調する「福祉国家」とは決して言わなかったのです。

　ところで，「助け合い」が21世紀の「あたらしい理念」であるという主張は，こっけいです。「助け合い」は，原始共同体社会以来の超歴史的な人類生存に必須の慣習だったのです。かつての慈善事業も救貧制度もみな社会的な助け合いだったのです。いやもっと絞って社会保障はその財源を租税と保険料でまかなうのであるから生存の助け合いであるという意味でいうなら当たり前のことですから，いわずものがなであります。そうではなく行政「措置費」によらずに保険主義的な保険料によるべきであるとしたのは，実は高齢者介護などの社会福祉に当てられるべき社会保障費の国庫負担を社会保険料と利用者負担料に転嫁して，国庫負担を減らすためだったのです。

　関連して「社会福祉などについて給付を受けることがどこまで国民の権利であるかについては」再検討すべきであるとのべて，介護福祉の措置費を否認する布石としたのです。

　要するに，1995年勧告の政策課題は，介護福祉の措置費保障を否定することを手始めに，社会福祉を保険主義化して保険料と利用者負担を新たに課す「構造改革」を勧告することにあったのです。

　なお，くしくもこの1995年には，財界の労務対策部であった日経連が『新時代の日本的経営』を発表しています。この労務管理の戦略方針は，要するにグローバル独占企業を中心に労使関係の個別化と称して，すでに規制力の乏しい企業内組合との協調的規制さえ排斥して個別的労働契約関係に解消し，非正規雇用を激増させて労務費を激減させる雇用管理戦略だったのです。1995年勧告がこのようなネオ自由主義的な合理化戦略の流れに同調し棹さすものとなったことは，明らかなのです。

　なるほど，介護保険制度は，典型的には有吉佐和子の『恍惚の人』が早くも1972年に刊行されるや空前のベストセラーとなるような介護地獄が蔓延するなかで，民間資金と介護労働力を介護福祉分野に誘導しましたけど，その反面，

保険料と利用者負担の徴収という新たな国家的収奪を加え，高齢者層の格差を拡大し貧困を増大させるものになりました。

しかも，公的介護保険は，とくに逆進的な収奪制度である消費税を導入する口実とされました。こうして，介護保険は，日本国家独占資本主義の社会保障・社会福祉と税制を一体的に「構造改革」して国家的収奪機構とし，真逆の再分配を強めて貧困と格差を増大させているのです。

　さてここで立ち止まって，暫定的に - 社会保障の再定義を措定してみると，こうなるでしょうか。

　第 2 次大戦後の国家独占資本主義の国家社会の公的な国民生活保障政策装置として普及した社会保障は，国家的に強められた独占資本主義的蓄積過程では必然的であった労働者階級を中心とする一般民衆の貧困と格差の拡大に国家的に社会化された制度によって備える必要の増大と，他方での民主主義的な人権，とくに必要十分な生存権保障の要求の発達に対応するために，国家を政策主体とし国家とその部分的代行機関が運営して公共的に行われるところの，「健康で文化的な最低限度の生活」を保障することを基本とし，すべての人に「個人の尊厳」の保障を標榜する公的施策の体系とすべきものであったのです。ところが，実際の社会保障制度は，その基盤をなす国家独占資本主義の独占利潤取得支援と金融寡頭制国家の専制化傾向と衝突し，それに制約されて抑制または改悪されがちなのです。この傾向が強められると，社会保障は，保険料の強制的な調達＝収奪と差し押さえや生活監視などによる収奪と抑圧の制度に反転しさえするのです。

　しかも，今日のネオ自由主義下の日本の場合のように，その機能を強められると，税と社会保障の一体的な改悪による真逆の再分配によって，社会保険までも国家的収奪と政治的分断支配を強める政策手段に転化しさえしているのです。社会保障・社会福祉構造改革の第一歩をなした介護保険制度に典型をみるように，社会福祉を保険主義化し，サービスの提供を私的営利事業に開放して資本主義の経済と社会を補強し，社会保険が福祉機能と共に併有する保険料（や応益利用者負担）の収奪機能を突出させているからです[1]。

1）拙著『社会保障のルネッサンス』創風社，2019 年などを参照。

第3章　資本主義的な生活原則としての「自立・自助」原則の二面性

第1節　資本主義的な「受救貧困」の抽象的な必然性

　生存権の保障を主目的とすべき社会保障を実際に権利化するうえでもっとも必要なことは，まずトータルに社会扶養的である公的扶助をその目的にふさわしい水準に高めるとともに，要扶助者にはできるだけもれなく公的扶助を支給し，その捕捉率を抜本的に高めることです。なぜなら資本主義において最も典型的な貧困は，「受救貧困」（pauperism）であるからです。日本のマルクス経済学においては，この点が理解されてこなかったのです[1]。

　引用するまでもなく，『資本論』によれば，資本の蓄積運動は，相対的過剰人口とともに，それに随伴させて失業労働者をも含む「受救貧民」をも拡大再生産します。まず賃金労働者たちは，資本の本源的蓄積によって生産手段を奪われて自前では稼げず生活手段を入手できないという意味での「絶対的貧困」状態にある「自由な労働者」として創出されます。そのうえで，資本の蓄積による拡大再生産過程において賃金労働者も失業または半失業させられつつ拡大再生産されるのです。雇用されて稼ぐしかない労働者たちにとって，失業は最大級の「貧困」の原因なのです。したがって彼らの「貧困」は，「受救貧困」と背中あわせなのです。

実際に，現役の労働者であっても，ながく失業すれば，あるいはまた半失業ともいえる低賃金不安定就労状態にあれば，生活は困難で「受救貧民」になりやすいのです。彼らはまた，高齢や疾病・労災などによって稼働できなくなれば，もっと「受救貧民」になりやすいのです。

　これらの関係については，拙稿「『受救貧民』（Pauper）と国家—　公的扶助論の理論的原点をたずねて」（『季刊科学と思想』第 68 号，拙著『社会保障の基本問題—「自助」と社会的保障』未来社の第二章に再録）が，服部文男先生の『マルクス探索』（新日本出版社，1999 年）の「資本論の生命力」などにおいて評価された文章ですので，引用箇所の典拠などは元の拙著にゆだねて割愛し，

抄録します。二重括弧は引用箇所です。

「資本主義的な生産および生活様式のもとにおける貧困と公的福祉の必然性を考えようとするばあい，もっとも基本的には，資本主義化の拡大・深化のなかでの生産者および住民の賃金労働者化そのもののうちに『貧困』化と『受救貧民』化の必然性が内在するものと考えることが肝要であろう。」

「資本の本源的蓄積は『資本関係』を創出し，大工業を基礎とする資本蓄積過程はこれを拡大再生産する。『資本関係をつくり出す過程は，労働者を自分の労働諸条件の所有から分離する過程，すなわち一方では社会の生活手段および生産手段を資本に転化し，他方では直接生産者を賃労働者に転化する過程以外のなにものでもありえない』。そこで生み出されるものは，資本とともに二重に『自由な労働者』である。『自由な労働者とは，奴隷や農奴などのように彼ら自身が直接に生産手段の一部分に属するのでもなければ，自営農民などの場合のように生産手段が彼らに属さず，彼らはむしろ生産手段から自由である，すなわち引き離されてもいるという二重の意味でそうなのである。』

「資本の本源的蓄積過程での生産手段からの分離は，労働を実現する手段の喪失として，生活手段の自立的な自己調達を不可能にし，絶対的な意味での貧困，生活不安を条件づけるということである。この関係について『経済学批判』（1863〜64年）では，次のように言われた（一部，訳語を変更）。

『一方では，労働能力は絶対的貧困としてあらわれるのであるが，そのわけは，素材的富の全世界，ならびにその一般的形態である交換価値が，他人の商品および他人の貨幣として労働能力に対立しているが，しかし労働能力そのものは，単に，労働者の生きた身体のうちに現存し，また含まれている，労働する可能性にすぎないからである。これは可能性ではあるが，自己の実現のすべての客観的諸条件から，つまり自己実現の条件から絶対的に分離されており，また客観的諸条件に対し自立して対立し，客観的諸条件を奪われて存在している，といった可能性なのである。‥

　労働手段および生活手段を奪われた労働能力は絶対的貧困そのものであり，また労働者は，そのような労働能力の単なる人格化として，現実には自分の諸欲望をもっていながら，他方それらを充足するための活動は，ただ，対象を持たない・自分自身の主体性の中に包み込まれた素質として持っているに過ぎない。労働者はそのようなものとして，その概念からして受救貧民であり，自分の対象性から切り離されたこの能力の人格化及び担い手として，貧民で

ある。」（56 ～ 57 頁）。「要するに，『労働手段および生活手段を奪われた労働能力は絶対的貧困そのものであり，また労働者は，そのような労働能力の単なる人格化として「受救貧民」である』，というのである。」

　また，さらに遡って，1857 ～ 58 年の『経済学批判要綱』，いわゆる『グルントリッセ』の『第二篇　資本の流通過程』中の「受救貧民」に関する以下の叙述も興味深いものです。『自由な労働者という概念のなかにはすでに，彼が受救貧民，すなわち可能性としてありうる受救貧民であるということが含まれている。自由な労働者は，彼の経済的諸条件からすればたんなる生きた労働能力であり，したがってまた生活に困窮している。労働能力として自らを実現する客観的条件を欠き，あらゆる面で貧しい。資本家が労働者の剰余労働を必要としないならば，労働者は彼の必要労働を遂行することができないし，彼の生活手段を生産することができない。そのさい彼は交換を通じて生活手段を受け取ることができないのであって，もし彼が生活手段を受け取るとすれば，彼が総収入からのわずかな報酬にめぐまれるということによってだけである。彼が労働者として生きることができるのは，彼が自分の労働能力を，労働元本をなすところの資本の一部と交換するかぎりでだけである。この交換そのものは，彼にとっては偶然的な，彼の有機的な存在とはかかわりのない諸条件に左右される。したがって彼は，受救貧民となる可能性が強いのである。そのうえ資本のうえにうちたてられた生産の条件は，労働者がますます多量の剰余労働を生産するということであるので，ますます多量の必要労働がいらなくなる。したがって彼が受救貧民化する機会は増大する。剰余労働の発展には剰余人口の発展が対応するからである。・・』

　ちなみに，英国救貧政策史において登場する受救貧民について，秋田成就訳のM. ブルース著『福祉国家への歩み』（法政大学出版局，1984 年）は，つぎのように指摘しています。

「救貧法委員会の1834 年『報告』がおこなったもう一つのことは, 貧困 (poverty) と受救貧困 (pauperism) とのあいだに理論上明確な区別を画したことである。これまでは非常に多くの場合, 賃金を補助する諸手当の制度によって援助されてきた貧民たち（the poor）は, いまや彼ら自身のやりくり（＝自助）にまかされることになった。ほかに援助を求めることのできないひどく貧しい人たち（the destitute）だけが救済を受けることになり, そうして受救貧民 (paupers) となることになった。エリザベス朝の人々は単純に貧民たち（the poor）について語った，十九世紀は貧困と受救貧困を区別し，後者に対しほとんど懲罰同然の扱いをした。」

　しかし，実際には，一般「貧民」のなかに大量の「要扶助貧民」がふくまれており，労働者大衆の失業などによる「貧困」は「要扶助貧困」と背中あわせだったことは，19世紀末の社会調査による「社会的貧困」の発見によって証明された通りでしたのに，新救貧法が要扶助貧民と一般貧民とを峻別しようとしたのは，できるだけ受救貧民をへらし，窮迫就労を強いて「自立・自助」させようとする政策のためだったのです。それゆえに，後述のように，英国の労働者たちは，救貧問題をわがこととしてたたかったのです。

　資本の本源的蓄積とその蓄積＝拡大再生産は，生産および生活手段を奪われて「絶対的貧困」状態にあるために「自立・自助」のできない労働者＝「自由な労働者」を増大させます。自由な労働者が雇用にありつく可能性は，資本蓄積の都合に依存して資本蓄積の発展による相対的過剰人口の増大とともに雇用も生活も不安定になります。こうして「自由な労働者」は，ますます経済的に「自立・自助」できなくなり，「受救貧民」におちいる危険が増すのです。こうして，生産者の「自由」化は「絶対的貧困」化であり，資本蓄積の発展は失業・半失業を増大させて受救貧民を増大させます。そこでマルクスは，『資本論』においてこう定式化しました。

　「 社会の富，機能資本，機能資本の増大の範囲と活力，したがってまたプロレタリアートの絶対的大きさ及び彼らの労働の生産力，これらが大きくなればなるほど，それだけ産業予備軍が大きくなる。……最後に労働者階級中の貧民層と産業予備軍が大きくなればなるほど，公認の受救貧民がそれだけ大きくなる。これこそが資本主義的蓄積の絶対的・一般的な法則である。」

1） 服部文男先生は，『「資本論」の生命力』（『マルクス探索』新日本出版社，1999年，所収）の中でこのことを強調され，この問題についての私の理解を支持されています。

第2節　救貧および公的扶助による社会的生活保障の必然性

「我が国の代表的な社会政策諸理論が救貧制度に始まる公的扶助の制度を社会政策から除外したとき，第一には，受救貧民は社会事業としての救貧及び公的扶助の対象であって，社会政策の対象ではないと思い込み，第二には，救貧お

よび公的扶助をめぐっては労働者階級の闘争がなかったと思い込んでいたのです。たとえば，大河内一男氏の社会政策論にあっては，第二の条件は必須ではないが，基本的な第一の条件についても，社会政策としての『労働者保護は，……その本質において「労働力」の保全を目的とするものであったが，社会事業は，慈善事業または救済事業というその別名が示しているごとく，「労働力」たりえない人々，すなわちその限りにおいて生活の資を正常な形で所得として取得する能力のない人々一般に対する，単純な救済または救恤である』とのべていました。つまり，救貧制度は，生活落伍者か，または無告の窮民の救済である，という旧来の社会通念を受容していたのです。

これらの理解は，正しくありません。とくに英国では，「自立・自助」原則を強制する政策を典型的に具現した1834年の「新救貧法」の施行に際して，イングランド北部の工業地帯では，現役労働者たちも，それが在宅救済を受けられた既得の権利を奪うものであるとして反対し，蜂起もし，「反救貧法運動」[1] を展開させましたし，「大不況」中の1880年代にも失業反対の暴動を起こしました。また，両大戦間に英国や合衆国などにおいて大量失業による生活危機が急増したとき，失業労働者たちは，生活できる仕事と賃金を，さもなければ生活扶助を，と要求して大規模な失業反対闘争をくりひろげました。日本でさえ「餓死者同盟」の活動がありました。さらに戦後になると，全日自労によって，仕事よこせ，扶助よこせのたたかいが展開されたのです。いずれにせよ，救貧制度も公的扶助も，労働貧民をも扶助の対象とせざるをえなかったのです。

一方，国家の側にも救貧扶助をおこなわざるをえない政治的必要がありました。ちなみに，マルクスは，『資本論』第三部のなかで，「専制国家では政府が行う監督や全面的干渉の労働が二つのものを，すなわちすべての共同体の性質から生ずる共同事務の遂行と，民衆に対する政府の対立から生ずる独自の諸機能との両方を包括している[2]」と書いています。実際，専制国家といえども人民の生存維持にかかわる共同体的責務をも共同事務にせざるをえなかったのです。もし国家が人民の生存に配慮しなければ，反乱や革命の危険にさらされたからです。

ましてや現代の民主主義国家では，「福祉国家」を展開しないわけにはいかないのです。

1 ）〔Nicholas C. Edsall,Anti Poor Law Movement 1834-44 参照。

2）『マルクス＝エンゲルス全集』第25巻第1分冊481頁　。
3）『マルクス＝エンゲルス全集』第21巻169頁。

第3節　共済保険から社会保険を経由して社会保障に至る
　　　経済的および社会的必然性

　商品化された労働力の担い手は，自前で，つまり個人的な自助努力だけで労働力と家族の再生産を担うことはできませんので，それを社会的に補うことが必要なのです。しかし，その経済的な必要は，社会的圧力が増さなければ満たされないのです。

　賃金労働者たちは，労働力を販売し賃金を得て自活する，つまり自助を求められながら，雇用と賃金の不足と不安定などが必然なので，「自立・自助」がいちじるしく困難もしくは不可能なのですが，生活原則として，最大限，自助させられましたので，相対的に賃金の高い熟練労働者たちは，共済組合や労働組合や協同組合による「集団的自助」＝集団的自衛活動を展開したのです。これは「自助」という仮面のもとに生存努力の共同化＝社会化が行われたのであり，このレベルから労働者たちの社会的結合が始まったのです。

　英国では，この集団的自助活動が早くから主には「友愛協会」（friendly society）によるか，または熟練職能別組合 (craft union) の共済活動などによって行われたのです。しかし，これらの共済保険に加入できたのは相対的に賃金の高い職人的な熟練労働者たちだけでした。ただし，かれらとて拠出能力が限られていましたので，組合の財政力も制限され，そのために「大不況」などにおいて長期の失業が増大すると，共済保険は財政的にゆきづまりましたので，保険料拠出の一般的強制という自助の国家的な強制共同化を含む国営労働者保険が形成されることになります。しかし，それも経済的な必要だけで自然に形成されるのではなく，労働運動と社会主義運動の発達への社会的反作用として，つまり社会的必然性をも条件として成立し，展開するのです。その例をあげれば，こうです。

　国営労働者保険の先陣を切った1880年代の「ビスマルク社会保険」は，ドイツ社会民主党を先陣とする社会主義運動の発展に対抗する政治的必要を主な契機として制定されました。また，英国の1911年「国民保険法」と言う名の国営労働者保険法も，19世紀後期の大不況のもとでの貧困化と「社会主義の復活」

とそれが関与した大衆的・戦闘的労働運動＝新組合主義運動などへの国家的対応として制定されたのです。

　またわが国初の本格的な社会保険立法である 1925 年の「健康保険法」も，第一次大戦後の大企業をふくむ労働運動の本格な高まりに迫られて制定されたのです。

　一方，雇用が不安定で低賃金の不安定就労者たちは，それらの共済活動にはまったく参加できなかったので，失業したり病気をしたりすれば，生存のために初期には慈善と救貧扶助の対象とされたのですが，第一次大戦とロシア革命を転機とした大衆的な労農運動と社会主義運動の広がりのもとで，社会保険ばかりでなく救貧扶助の公的扶助化も促進されたのです。

　とにかく労働者たちは，自助による生活の自立はいちじるしく困難もしくは不可能なので，結局，社会保険と公的扶助という国家的に社会化された方法が必要とされたのです。それらの生活保障の社会化は，経済的必要性だけによってだけではなく，労働者たちが団結などによって階級的に発達し，彼らの社会的，政治的圧力が強まらなければ実現しないのです。すなわち社会的必然性の発達も必要なのです。

　国営労働者保険を基本とする社会保険は，被保険者としての労働者に資本主義的な「自助」義務としての保険料の拠出を課す保険主義又は保険原理を貫きながらも，それだけでは財政が成り立たないので，使用者の保険料と国家の公費負担による社会的扶養を加えたのです。

　ところが，とくに両大戦間，なかんずく世界大恐慌以降の慢性的大量失業に対しては，主に長期失業を対象として失業扶助をも拡張せざるを得なかったので，それで，なおさら国庫負担も増えて国家財政も破綻しました。この大量失業による生活危機と国家財政の破綻は政治的危機を招き，この危機への対応の仕方をめぐって，世界は，全体主義的ファシズムの枢軸国側と米ソを軸とした連合国側に分裂し，凄惨な第二次世界大戦が戦われました。大戦は米国主導の連合国側の勝利に帰し，戦後にパックス・アメリカーナと米ソ冷戦体制に移行しました。慢性的大量失業による経済的政治的危機は，第二次大戦という破局によっていったん解消されるのです。

　大戦時の総力戦対応の国家統制や総動員の歴史的経験は，戦後には国家の政策的介入によるケインズ主義的な有効需要と雇用の創出・増大政策に活用されました。「完全雇用」を図りつつ，社会保険と公的扶助と社会サービスを総合的

に動員する国家独占資本主義の生活保障装置として社会保障がおこなわれることになりました。

　ちなみに，社会保険の経済的必然性については，ロシア共産主義運動の俊英レーニンが「国営労働者保険にかんする国会法案にたいする態度について」｜ロシア社会民主労働党第6回全国協議会，1912年｜の冒頭で，別途に，次のように説明しました。

　「（1）賃金労働者が生み出す富のうち，彼らが賃金としてうけとる部分は，ほんのわずかであるから，彼らのもっとも切実な生活欲求をみたすにはとうてい足りない。こうしてプロレタリアは，傷害，疾病，老齢，廃疾の結果，労働能力を失ううばあい，また資本主義的生産様式と不可分に結びついている失業のばあいにそなえて，自分の賃金の中から貯蓄するあらゆる可能性をうばわれている。だから，すべてこのようなばあいの労働者保険は，資本主義的発展の進行全体によって否応なしに命ぜられる改革である[1]。」

　つまり，賃金労働者は，稼働中は賃金を得てまがりなりに生活できても，働けなくなったときへの備えが必要です。ところが賃金が低すぎて貯えがまったくできないので，社会保険が必要になるというのです。

　なるほど典型的な無産のプロレタリアートについてなら，そう言えると思います。英国で19世紀末に典型的な労働貧民とされた不安定就労の低賃金不熟練労働者大衆や，日本でいえば非正規労働者大衆の場合には，これがよく当てはまります。しかし，すべての労働者が「賃金の中から貯蓄するあらゆる可能性がうばわれている」わけではありません。貯蓄が困難な程度は，階層によって違うのです。ちなみに19世紀のイギリスでは，熟練労働者の賃金は，不熟練労働者のそれのおよそ二倍以上だったそうです[2]。今では，労働者間の賃金収入格差がもっと開いています。

　また，社会保険が必要でも，ただちに整備されるわけではありません。まずとくに保険料負担を重く感ずる中小企業の使用者たちが反対するでしょうし，国家も財政負担が大きいのでしぶります。だから，まず労働・社会運動の圧力が強まらなければできないのです。いわゆる社会的必然性です。

　さらにまた，国営労働者保険の歴史的な前提として，共済保険が発展していなければなりません。ドイツでの共済組合は，金庫（Kasse）とよばれました。だから，まず賃金の額とその安定性が相対的に高い熟練労働者階層は，自衛のために各種の共済に加入したのです。ただし，彼らとて拠出能力がかぎられて

いました。それに独占資本主義段階になると，彼らの熟練の陳腐化と地位の低下が進み，雇用の安定性が低下しました。だから，かれらにも社会的扶養性のある社会保険が必要になるのです。

　それにしても，資本制的な社会保険では，原則的には，資本主義的な生活原則である「自助」を体現する保険料の拠出が必須なのです。ところがレーニンは，先の引用文のあとに，次のように，無拠出制で賃金全額保障などを社会保険の要求原則としましたので，食い違いが生じました。

　「(二) 労働者保険のもっともよい形態は，次のような基礎のうえに築かれている労働者保険である。

　　(イ) それは，労働者が労働能力を失うすべてのばあいに（傷害，疾病，老齢，廃疾，婦人労働者のばあいには，そのうえに，妊娠と出産。稼ぎ手が死んだのちの寡婦と孤児への扶助），あるいは失業のために賃金を失うばあいに，労働者を保障しなければならない。(ロ) 保険は賃労働の当人とその家族との全員をふくまなければならない。(ハ) すべての被保険者は賃金全額補償の原則によって補償されなければならない。しかも，保険金の全額は企業主と国家が負担しなければならない。(二) 地域別にそして，被保険者の完全な自治の原則に基づいて構成される統一的な保険組織が，あらゆる種類の保険を管掌しなければならない」。

　このなかでとくに (ハ) の要求原則は，労働者保険のすべての保険金の原資は労働者が生産する剰余価値でまかなわれるものであるからという理由によるもののようです。しかし，資本主義社会を支配する資本家階級とそのヘゲモニー下にある国家の側は，国営労働者保険は共済保険に発する助け合い保険なのであるから，基本的には被保険者による保険料の拠出によるべきものなので，雇主と国家は不足分を補充するだけでよいと考えるのです。

　現に日本でも，社会保障制度審議会の 1995 年勧告は，前述の通り，介護保険を提案した際に，「制度の運用に要する財源は主として保険料に依存する公的介護保険」がよいと述べたように，私保険と共通の保険主義を推奨したのです。これが，この社会での体制側の常識なのです。

　おまけに，介護保険制度のように，もともとは公費負担で行われてきた社会福祉事業の費用までも，保険主義化して被保険者におっかぶせるために，つまり社会福祉事業の費用を保険料と利用者負担を通じて収奪するために社会保険機構を悪用しているのです。この場合などは，社会保険が国家独占資本主義的

な収奪と管理の機構に転換されているのです。資本制社会保険には，とくに独占資本主義の国家が担う二面性，つまり階級的な支配・収奪機構としての側面と人民の生存権保障の二側面があるのです。

1）『レーニン全集』（大月書店）第 17 巻，488 頁以下による。
2）　1755 年に於いて単純労働者の年収は 20・75 ポンドに対し，熟練機械工は 43・60 ポンドだったそうです。浜林正夫著『イギリス労働運動史』〈学習の友社，2009 年〉32 頁参照。

（補論）relative deprivation を人権剥奪的な社会的貧困にして　要扶助貧困とみること

　これまでは，おもに公的扶助の抽象的な必然性について考えましたが，実際には社会的および慣習的な，つまり文化的な最低限の必要をみたせない欠乏のために正常な生活が到底できないならば，公的に扶助されなければならないのです。ちなみに，日本の「生活保護法」の第 3 條は，「この法律により保障される最低限度の生活は，健康で文化的な生活水準を維持することができるものでなければならない」と定めています。ところが実際には全国民中最低 10 分位の生活水準を生活保護基準の参考目安にしていますので，とてもこれでは「健康で文化的」にはならないのですが，この法律が，すべての国民に「健康で文化的な最低限度の生活を営む」生存権の保障をうたった日本国憲法第 25 條の理念に基づくものである以上，そう解釈するしかないのです。

　したがって，今日における「受救貧困」は，生理的必要不充足の概念であるよりは，普通の社会生活を送ることがいちじるしく困難なための生存権侵害があって，こうして失われた基本的人権を回復させるための公的措置として公的扶助を支給すべき貧困なのです。こういう社会的貧困が現代的な要扶助貧困であるとすれば，それは P. タウンゼント（Peter　Townsend）流の relative deprivation ＝「社会的剥奪」に相当するのではないでしょうか。なぜなら，この relative には社会的に正常な基準と比較してという意味があり，deprivation には，本来ならもてるものを奪われているということなので，人権剥奪的な社会的貧困と解釈できるのです。

　P. タウンゼントは，大著『連合王国における貧困　家族資源と生活水準の一調査』(ペンギンブック，1979 年)」の「Ⅰ序：Poverty and Deprivation の概念」の冒頭に，こう書きました。

　「　貧困は，relative deprivation の概念を用いてだけ客観的に定義でき，首尾一貫して適用できる。それが本書の主題である。そのことばは，主観的よりはむしろ客観的なものである。住民のなかの個人，家族およびグループが，もし彼らが属する社会において慣習的であるか，あるいは少なくとも広く推奨または是認される食事をし，社会活動に参加し，生活手段と楽しみを持つ資力を欠くならば，貧困であるといえる」。

　また，「11　客観的および主観的な relative deprivation」の冒頭でもこう書いています。

　「人々は，もしかれらが属する社会で慣習的か，あるいは少なくとも広く奨励され，是認されるタイプの衣食住と環境，教育，労働および社会的諸条件を欠くならば，剥奪されているといえる。彼らは，実際に広く普及していることが明らかか，または社会的に受け入れられるか，または制度化されている生活水準を下回っているのである。」

　この説明は，前記の私の解釈を支持するものです。江口英一先生は，大著『現代の「低所得層」』(未来社, 1979 年) において，「低所得階層」を包括的に調査・研究するためにこの概念を活用されました。

第4章　資本主義的な「自立・自助」生活原則の形成・展開

第1節　清教主義的倫理としての「自立・自助」原則の生い立ちとその社会的強制

　資本主義的な生活原則は，「自己責任」での「自立・自助」であるといわれてきました。我々が見聞きする「自助」(= Self Help) という言葉は，「天は自ら助くる者を助く」（Heaven helps those who helps themselves）という格言に由来します。この格言は，19 世紀半ばのイギリスにおいて，この国が産業革命を経て世界の工場として繁栄した「ヴィクトリア黄金時代」に，当時としてはまったく異例の何万部というベストセラーになった 1858 年出版のスマイルズの『自助　論　』(Samuel　Smiles, Self Help，with　illustrations of Conduct and Perseverance) の冒頭に引用されて国際的に有名になり，普及したようなのです。この本の内容は時代の風潮を写したもので，ヴィクトリア女王も感激して涙をながしたそうです。

　なお，この風潮が熟練労働者層にも浸透してもっとも流行した時代背景を前提として推論しますと，1 人前の職人的熟練労働者なら相対的に高い賃金を稼ぎ，浪費しなければ貯えもでき，ある程度安定した家族生活が営めるということもあったのでしょう。彼らは，「自由主義帝国主義」国家，英国の「労働貴族」層だったからです。

　この本は，日本でも明治の 4 年に中村正直訳で出版され，立身出世主義の風潮にのってベストセラーになったそうです。久しく忘れられていたこの本が1991 年に『西国立志編』と改題されて講談社学術文庫から出版され版を重ねていますが，それに渡部昇一が解説と推薦の文章を載せています。かれは，そこでこの本を「福祉国家」主義を排撃する妙薬として勧めているのですから，19世紀自由主義の反福祉主義的側面を復活させようとしているのです。本書の主題は，この種のネオ自由主義的な復古的イデオロギーの歴史反動的な正体をあばくことを一方の目的とするものです

　生活の自立・自助原則は，もともとは 17 ～ 18 世紀の資本の本源的蓄積過程

においてその担い手になった新興ブルジョワジーがきびしい勤倹主義を奉じた英国プロテスタンティズム＝清教主義（puritanism）をかれらの歴史的使命に適合的，親和的なものとして受容し，それによって経済と政治と社会を変革しようとする中で優勢となり，一時はピューリタン革命を遂行しました。この市民革命は，庶民が離反して王政が復活する（不）「名誉革命」に終わりましたが，救貧に頼らずに自己責任で勤倹にして生活を賄うべしと説く自助の原則は資本主義的な営利主義にも適合的なものとして受け入れられ，19世紀に支配的風潮とされたのです。それを典型的に体現した政策立法が1834年の「新救貧法」（New Poor Law）だったわけで，それは救貧を懲罰的な劣等処遇とすることで忌避させて「自助」を強制するものでした。本書では，この生活の「自立・自助」原則の生い立ちと歴史的な役割について，三つの文献から学ぶことにします。

（1）まず，第一の文献は，1920年に発表された有名なマックス・ウエーバー著『プロテスタンティズムの倫理と資本主義の精神』です。この論文は，あえて単純化すれば，初期のプロテスタンティズムは勤倹を宗教的な倫理とすることで，結果的に資本の本源的な蓄積に役立てられたということになるでしょう。

この論文は，実に分かりにくい論文です。しかし，とくに戦前の我が国では，この論文が近代資本主義の成立と宗教との関連という大問題を提起して研究と啓蒙に役立つものとしてありがたがられたし，また治安維持法に代表される弾圧によってマルクス主義の研究までも弾圧されるようになると，ナチズムとも親和的な一面をもつマックス・ウエーバー[1]の論文が，マルクス主義への解毒剤としても官許の文献にされたのです。

なお，この岩波文庫版には，翻訳者の大塚久雄による長文の解説がなされていますが，少なくとも翻訳者の理解は，その意向に沿って書かれたはずの表紙に掲載の次の紹介文に要約可能なはずです。「営利の追求を敵視するピューリタニズムの経済倫理が実は近代資本主義の生産に大きく貢献したのだという歴史の逆説を究明した画期的な論考」。

そうではなさそうです。ピューリタンにとって，天職としての事業を発展させるための勤倹が最良の徳義とみなされ，その結果としての営利は事業の拡張＝資本蓄積に向けられる限り肯定されたのです。「営利の追求を敵視した」のではなく，利潤を奢侈と浪費に用いることが敵視されたのです。

とにかく，この論文は，近代ヨーロッパ資本主義の形成にとって基本的な問

題を提起して国際的な論議を引き起こしました。この論文は，たとえばこうも
述べました。

　「プロテスタンティズムの禁欲それ自体が逆にその生成過程においてもその特
質についても社会的文化的諸条件の総体，とりわけ経済的諸条件によって深く
影響されているということも明らかにしていかねばならないであろう。という
のは，近代人は最大の善意をもってしても，かつて宗教的意識内容が人間の生
活態度，文化，国民性に対してもった巨大な意義を，そのあるがままの大きさ
で意識することがほとんどできなくなっているのが普通であるとしても，だか
らといって，一面的な『唯物論的』歴史観にかえて，これまた一面的な唯心論
的な因果的説明を定立するつもりなど，私にはもちろんないからだ……」（369
頁）。

　しかし，この論文は，禁欲の宗教的倫理の経済的な背景については明らかに
しておりません。マックス・ウエーバーという人は，その官僚的指導者論がカー
ル・シュミットのようなナチスの学者によっても引用される面をもち，政治
的な発言の中には，ワイマール憲法制定時に，国民投票によって選ばれる大統
領に「一種の代理皇帝」的な強大な権限を与えることを提案したこともあり，
結果的にはそれがヒットラーによる独裁権力の掌握に利用されたのです。

　1）今野元著『マックス・ヴェーバー』（岩波文庫）「終章　マックス・ヴェーバーとア
　　ドルフ・ヒトラー」参照。
　2）野口雅弘著『マックス・ウエーバー』（中公新書）参照。

　（2）第二の文献は，トーニー著『宗教と資本主義の興隆　歴史的研究』です。
これには，岩波文庫版の出口勇蔵・越智武臣訳があります。
この本が私にとって興味深いのは，資本の本源的蓄積過程における英国「社会
政策」思想の転回に論及し，とくに英国が典型的にはぐくんだ個人主義的な「自
助」思想の成長と，それに基づく救貧政策思想の転回を説いていたからです。
彼はこう書いています。
　「救貧は単に貧民をすくうということだけではなく，また（それが屈辱的すぎ
て）貧民に救済されることを思いとどまらせるというやり方によってもおこな
いうるものである，という商業万能の時代の偉大な発見は功利主義哲学者を待っ
てはじめて成就せられたものである。貧窮は経済的な事情のせいではなくて，

1834年の救貧法委員がいっているように，『個人的な浪費と悪徳』に基づくものであるとする理論がはっきりと打ち立てられて，エリザベス時代の救貧制度を批判して，あたらしい救貧法の制定に刺激をあたえることになるような態度は，すでに以前からできていたのである。ところでこのエリザベス時代の救貧制度の本質については，一世紀ののち，スコットランドの一神学者トーマス・チャルマーズは，いみじくもつぎのことばでこれを表現している。すなわちその本質は『人はみな，たんに生存しているという，ただそれだけの理由で，他人に対して，ないし社会にたいして，生存権を主張しうるという原理である』と。このような原理にたいして，かれチャルマーズ博士が加えた攻撃こそ，ながい間清教徒のモラリストたちがかなでていた音調のこだまのようなものであった。しかもチャルマーズ博士のその見解は，ナッソー・シーニアの心にきざみこまれていたのであり，そういうことがあったあとで，シーニアは，かの才気にあふれ，影響力に富んだ，そして恐ろしく非歴史的（＝非科学的）な（1834年の）「救貧委員会報告」の作成に手を染めたのである。しかもその報告は，イングランドの北部に一波乱をよんだのち，19世紀の社会政策の支柱のひとつになるほどのものだったのである」（下巻，202〜3頁）。

　ここではさらりと書かれていますけど，この個人主義的な「自立・自助」原則は，歴史的に検証できるように，労働貧民に救貧扶助を拒否しようとする，あるいは忌避させようとする，有産階級による攻撃だったのです。

　ただし，著者は，それに続けてこう補足しました。「清教主義が政治的自由と社会的進歩を増進させるためにどのような大きな貢献をしたか，ということを強調しないで，清教主義倫理の限界をあげつらうとすれば，それは誤解をまねくことになろう。そもそも民主主義の基礎は，個人をしてこの世の権力にひとりで立ち向かわせる勇気を与える，精神的な独立意識である[2]。しかも英国というところは，地主と司祭とが，下層階級の横柄な態度に向かっては，傲慢にも眉を逆立てながら，民衆運動は社会と教会との双方への脅威であるとして，それを粉砕するために手をとりあったところである。だから英国では，民主主義は，他の運動を一つ一つ取ってみれば，どの運動よりも非国教主義に負うところが多いのだといって，さしつかえない。進取，勤勉，そして節約などという徳目はおよそ複雑で，活気に溢れた文明には欠くことのできない基礎である。これらの徳目に超自然的な承認を与えて，それらを非社会的な奇行癖からひとつの宗教に変えたものこそ，実に清教主義であったのである。……」（203〜

204 頁）。これがピューリタニズムが市民革命に関与した側面なのでしょう。

　これは英国のブルジョワ民主主義の生い立ちの特質に関わることで，A.D. リンゼイ著，永岡薫訳『民主主義の本質 ―― イギリス・デモクラシーとピュウリタニズム』（未来社）も，この点に留意しており，だから訳者も原題にはない副題を添えたのです。この点は，英国の市民革命とフランス革命とを対照すれば明らかです。

　ともあれ，彼らの禁欲，勤倹などの規律的徳目が資本の本源的蓄積に直接・間接に役立ったことは，容易に推論可能です。彼らの勤倹は直接に投資向けの資金を増やしたでしょうし，そしてこの規律を下層階級に強制して救貧税負担を減らせば，やはり間接に投資向けの資金を増やせたからです。救貧税の負担を減らすために，下層階級に「自立・自助」を要求したのです。つまり，「自立・自助」の押しつけは，反福祉の攻撃だったのです。

　（３）したがって，本章のテーマにとってもっとも興味深い第三の文献は，常行敏夫著『市民革命前夜のイギリス社会― ピューリタニズムの社会経済史―』（岩波書店，1990 年）です。これは，前掲のヴェーバー論文に対する大塚久雄の理解への疑問を切り口として，社会経済史的観点を主にし，これに文化思想史の観点を結合して，独自の接近を試みた労作です。その簡単な要約では，この労作の文体もおもしろみもお伝えできないので，著者自身の「総括と展望」のなかから，やや長く引用することで，著者の論考から学ぶことにします。抽象的に過ぎたり，比喩的だったりして，社会科学的な文章としては問題のあるレトリックもありますが，大意は読み取れます。括弧内は私の解釈です。

　「16, 7 世紀イギリス社会の経済的分極化と貧困問題は，すべての文化諸領域においてそのプリマ・モービル（＝主動因）であるとともに，総体的に独自の法則をもつ文化諸領域がそこにおいて相互に浸透しながら反応しあい，究極的にはさまざまな文化的対立が政治的対立へと昇華してゆく社会的核融合の炉心であった。

　経済的分極化による中産階級の台頭と固定的な分厚い貧民層の出現は，まず（次第に）各地域社会の共同性を崩壊させていったが，（旧救貧法による）全国的な救貧行政の展開は，救貧税の担い手と救貧受給者へとイギリス国民を分割し，イギリス社会全体をコモンウエルス（＝英国連邦？なお，イギリスという日本語は主にはイングランドに対応する）に貢献する階層と貢献しえない階層に分極化していっただけではなく，そうした社会認識を中産階級以上の人々に

抱かせ，階層間の社会・経済的な対立を激化させていった。16世紀の後半から展開した「教育革命」は，この社会・経済的対立を文化的な対立にまで深化させ，救貧行政の直接的な担い手であった中産階級を中心に上層の人々は民衆文化から身を引き，慇懃，冷静（面白味のないジョン・ブルか？）である新たな生活様式を身につけることになる。上層階級と下層階級の社会・経済的な対立は，生活様式＝価値規範の対立という文化問題に発展したのである。

　この文化的対立を宗教的＝イデオロギー的な対立にまで高めたのが，規律を本質的な内容とするピューリタニズムであった。貧困問題解決のために民衆文化を抑圧して貧民に規律ある生活様式を押し付けようとする中産階級は，ピューリタニズムを積極的に受容し，聖職者と連合して教会浄化運動とともに民衆文化抑圧のためのモラル・リフォメーションを展開するのである。深刻な凶作による1590年代の経済的危機，毛織物輸出不況と凶作の重なった1620年代の未曾有の危機は，貧困問題解決のためにイギリスの道徳的再生を説くピューリタニズムの正しさを中産階級に確信させた。だが，国教会を支配の宗教的基盤とする絶対王政は教会改革を嫌ったばかりか，民衆文化に家父長的政治支配の文化的基盤を求めて，民衆文化の容認を政策としてうちだし，ピューリタニズムを弾圧してゆくのである。ピューリタニズムと民衆文化の対立は，政治的対立へと昇華したのである。

　民衆文化をめぐる絶対王政とピューリタンの対立は，16世紀の後半から徐々に醸成されていったが，はっきりとした政治的対立として表面化したのは，絶対王政と国教会が規律の内面化を説くカルヴァン主義を放棄して，民衆文化を容認する儀礼的なアルミニウス（1560〜1609,オランダの改革派神学者）主義を教義として採用した1620年代からであった。そしてそのころから宗教政策だけではなく経済政策，財政政策，外交政策などの絶対王政のすべての政策が宗教的対立の脈絡のなかで理解されるようになり，ついには宮廷＝専制＝アルミニウム主義，議会＝自由＝ピューリタニズムという，革命に不可欠な二項対立的なあれかこれかの固定的な価値意識が，ジェントリーをふくめた多数のイギリス国民に抱かれるようになり，究極的には，宮廷＝教皇主義というプロテスタント国家における支配の正当性を決定的に腐食させる「カトリック陰謀説」が流布することになるのである。そのひとつのクリティカルな局面が，ロード体制[3]下に再布告された民衆文化を容認する「遊戯教書」だったのである。ウェーバーが強調するように，『王政的・封建社会は，台頭してくる市民道徳と反

権威的・禁欲的な私的集会に対抗して，『享楽意欲のある者』を保護したのであり，それに対して『ピューリタンは自分たちの決定的な特性，すなわち禁欲的生活態度の原理を擁護したのである』。したがって，ピューリタン革命は，ピューリタン的生活様式と民衆的な生活様式の二つの対立する価値規範，あるいは二つの対立する文化の相克として理解されるべきなのである・・。　二つの文化の対立は，イギリス社会の経済的分極化によって生み出された貧困問題という世俗的な基盤に深く立脚していたのである』（289 〜 92 頁）。

　「ところで，この貧困問題が貧困問題一般ではなかったことが注意されなければならない。『補論』で指摘するように，イギリスで規律文化の形成が最も典型的には，ピューリタニズムの受容を可能にした世俗的な基盤が最も順調に形成されたからであったが，それは貧困問題一般ではなく，一方の極に資本家的企業家としての中産階級を生み出す経済的分極化＝原始的蓄積の結果として発生した貧困問題であった。すなわち，貧民の雇用者としての中産階級は，みずからの利害にかかわる問題として貧困問題に対処しなければならない，そのような関係におかれていたのであった。しかもイギリスのばあい，救貧行政の全国的な展開によって，中産階級は救貧税の中心的な担い手として位置付けられていた。資本家的企業家であり救貧税負担者でもある中産階級にとって，民衆の行動様式の変革による貧困問題の解決は，自分たちの利害に直接かかわる労働問題と財政問題を解決するものとして，緊急を要するものであった。したがって，彼らのピューリタニズムの受容には，主観的な意図は別としても，資本主義的な利害が大きな影響をおよぼしていたのである。・・・

　以上のように，ピューリタニズムは中産階級の世俗的な利害に適合的であったからこそ，彼らを内面から強力に突き動かしてモラル・リフォメーション運動を展開させ，ついには反絶対王政の政治的イデオロギーとなって彼らの革命運動を鼓舞することになったのである。だが，ピューリタニズムは宗教運動であり文化運動であって，それが目的とするものを政治体制として実現することには無理があった。」・・・「時の勢いを得て激しさを増したモラル・リフォメーションは，次第にその受容基盤を狭めていった。その最大の理由の一つが民衆的な革命運動の突出である。『大抗議文』を全国民にアッピールするという議会の革命的な方法と有産者の政治的支配をくつがえしかねないレヴェラーズ（水平派）の運動が展開されただけでなく，かつて地下に潜っていた民衆思想が反律法主義的教義をまとって登場し，規律文化の体制的な確立をもとめるピュー

リタンを無政府性の恐怖に陥れたのである。革命政権によるレヴェラーズと反律法主義的な諸セクトの弾圧は，権力基盤をピューリタン的な「聖徒」に限定することを意味したが，権力基盤の狭い聖徒による厳格なモラル・リフォーメーションの遂行は独裁的な傾向を帯びざるを得ず，国民の『共和制』からの離反と王政復古への期待を促進したのである。

だが，ピューリタン革命の挫折は，規律文化の全くの崩壊を意味したのではない。一方では，非政治化されたピューリタン諸セクトの（天職意識による）世俗的な職業労働へのいっそうの専心が規律文化を擁護し続けたし，他方では，無軌道な民衆運動の恐怖を体験して規律の重要性を認識した政治的支配層は，ピューリタニズムの安息日厳守主義を取り入れていったのである。1690年代ともなれば，『マナー改革協会』が設立されて，宗教とはかかわらない世俗的な問題として道徳の改革が推進されていった。ヒルが強調するように，ピューリタン革命は，その社会的プログラムのあるものは宗教的情熱を奪われながら継承されたのである。そうしたピューリタニズムの『世俗化』が『資本主義の精神』の普及と無縁であったはずはない。」（289～292頁）。

私にはこのような総括の可否を厳密に評価する力はありませんが，実におもしろい論考です。資本の本源的蓄積過程における労働貧民の「絶対的貧困」化を基礎としての浮浪民化を頂点とする失業貧民の「受救貧民」化への社会と国家の対応の必要を主因として，新興ブルジョワジーがその経済的必要に適合的な禁欲的ピュータリニズムを受容し，その個人主義的禁欲の規律文化をプロレタリアートに強制しようとし，民衆文化を盾にして王権を護ろうとした絶対主義王政と闘い，一時は市民革命として共和政体を樹立するが，その階級的な利己主義と偏狭さゆえに孤立して政治的に敗れ，王政復古の名誉革命におわる。それでも支配者たちは，ピューリタンの規律文化が近代資本主義社会に適合するものだったので，世俗化された禁欲的規律文化の社会的な強制＝浸透に務めるのです。それが「資本主義の精神」であり，新救貧法が体現した「自立・自助」原則の強制だったのです。

さて，ここで浮上している問題は，資本の本源的蓄積過程において，人民からの生活手段の剥奪によって多数の受救貧民を生み出しながら，救貧費の増大を最小限に抑えることで資本の形成を成し遂げるための宗教文化的媒介運動としてピュータリニズムを位置づけ，それがこの人民への犠牲の強要を生活の「自立・自助」モラルの強制によって行う過程だったということです。しかし，人

類の自然権である生存権の圧殺はかなわず，英国においては判例法によって受
救貧民をあからさまに餓死させることが禁止され続けるという形で生産者の生
存が配慮されたことに注目し，国家はその共同体的責務としてこの責を負わさ
れ続けたことの解明が残されたといえるでしょう。

1）キャサリーン・ジョーンズ著，美馬孝人訳『イギリス社会政策の形成』（梓出版社，
　　1997年）63頁。
2）E. コルプ著『ワイマル共和国史』（刀水書房，1987年）32頁参照。
3）この「民主主義の基礎は・・独立の意識である」という言説に関連して想起するの
　　は，最近手にした角川新書の『同調圧力』という本です。この本の帯びには「ひとり
　　の勇気で社会は変えられる」とあり，筆頭に東京新聞の記者，望月衣塑子さんの手記
　　があります。彼女の勇気に拍手しながら，なおかつこの国の同調＝付和雷同性と安倍
　　独裁政権の破廉恥に懸念を深めました。次の前川喜平さんの「面従腹背」論にも共鳴
　　しました。私自身，昔の右翼・国士舘に在職した経験をはじめ，はがみしながら面従
　　腹背することの多い生涯でしたが，あとで必ず批判してきました。近著『されど相澤
　　與一』（『福祉のひろば』社，2019年）をご覧ください。
4）1625～49年に王権親授説をとなえ専制政治を布いたチャールズ一世の政治を支え
　　た側近，ウイリャム・ロードのこと。

第2節　英国の自由主義時代の社会政策と新救貧法体制

はじめに

　英国は，18世紀の末期から19世紀の初期にかけて，綿工業の機械化を皮切
りに世界に先駆けて産業革命をすすめ，「世界の工場」になりました。もちろん
先進的な機械技術による優勢な生産力による大量生産商品の市場の大方は，海
外に求められました。そのための主な政策手段は自由貿易政策であり，1840年
代までにそのために必要な関税の引下げと穀物輸入の自由化がほぼ達成されま
した。自由貿易では生産力の優劣が勝敗の決め手をなし，この点で英国はしば
らく優勢だったのです。それでこの時代は自由主義段階といわれるのです。し
かし，もちろん，純然たる自由競争の経済的自由主義ではなく，とくにアジア

46

に対しては，中国に対する「アヘン戦争」による香港の略取や，インドの武力占領による直轄植民地化など，武力による「砲艦外交」をも駆使して世界市場を制覇し，パクス・ブリタニカを構築したのです。これが自由主義的な帝国主義の真相です。

(1) 1834年の「新救貧法」による自由主義的「改革」

　産業資本主義を基礎とする近代的統一国家の形成に即応する諸改革が行われた産業革命からの移行期の1830〜40年代には，飢餓と騒乱と民主化運動が高まりました。民衆の失業と貧窮が深まって，南部農民によるスウイング一揆やラッダイトの機械打壊し暴動など，数多くの暴動が起こりました。そして大方の民衆を参政権から排除した1832年の選挙法改正への反発にはじまり普通選挙権などの政治的要求を掲げ未曾有の規模の民衆・労働者が集会とデモを伴う権利請願運動を繰り広げた「チャーチスト運動」と，それに合流する労働・社会運動がくり広げられました。そのなかには，1825年の結社禁止撤廃法によって団結が消極的に容認されて1834年のグランド・ナショナルへの短期の高揚と崩壊に向かった大衆的な労働組合運動のほかに，工場労働時間の法的規制を要求する「10時間法運動」や「新救貧法反対運動」が起きました。ここではまず，このような激動を背景とした社会政策として，1833年の工場法と1834年の「新救貧法」（＝「救貧法修正法」）による改革から瞥見します。

　救貧制度から産まれた最初の「労働者保護立法」は，救貧「徒弟の健康および道徳に関する1802年法」です。人里離れた水車工場に拘束されて働かされた「救貧徒弟」から保護が試みられたのです。しかし，工場はほどなく蒸気機関を動力とする町馬に移り，それが工場立法の規制対象となります。ときは「産業革命」の渦中であり，労働者状態の変化については歴史的論争があるものの，交渉力のなかった女性及び児童の工場労働者が保護規制のない「原生的な労働関係」のもとで労働力が摩滅し破壊されるほど酷使されて状態が悪化させられたのは自然の成り行きです。19世紀の自由主義のもとでは労働契約の自由が建前とされたのですが，一人前の契約主体とみなされなかった女性と児童が保護規制の対象とされたのです。ただし，その保護規制は，多少とも彼らとの直接の協業関係にあった場合には成人男性労働者の労働条件をも間接に規制することになるので，「10時間運動」などは，女性のペチコートに隠れての労働時間短縮運動であると冷やかす向きもありました。

　とにかく，英国工場立法史において，もっとも画期的であったのは，工場監督官制度を設置することで法律に実効性をもたせた1833年の工場法です。また，この法律は，工場児童への義務教育を定めて，義務教育制度の端緒を切り開きました[1]。

　ちなみに，日本の社会政策学史においては，「労働者保護立法」と呼ばれた工場立法が社会政策の基底および基本とされ，戦前から，公然もしくは非公然にマルクスの『資本論』第一部第八章「労働日」の論理が立論のアイデア・ソースとされ，労働力の自然的および社会的な限界を基礎に，労働力保全の経済的必然性のみを強調した「大河内理論」とそれを批判して経済的および社会的な必然性を共に重要とみなした服部英太郎をはじめとする諸理論との対立が，社会政策論争の基本的な争点となりました。工場立法は，機械制工場労働にナショナル・ミニマム的な労働基準を強制して，工場化による労働時間の延長などの社会的弊害を是正する工場労働保護立法であるとともに，工場労働を規律化し陶冶して生産性を高める方策でもあったのです。ロバート・オウエンの実験と提唱が有名です。

　さて，この時期の英国における同じ産業資本主義化に即応する行政改革でありながら，工場立法は工場労働者を保護しその成長を促すものであったのに，1834年の「新救貧法」（New Poor Law）は，1782年のギルバート法を基礎に行われたスピーナムランド・システムなどによる在宅扶助を生活の「自己責任」による「自立・自助」原則を口実として廃止しようとするきびしい攻撃となりました。

　ちなみに，戦前以来わが国のマルクス経済学においては，社会政策学会を含めて，「受救貧民」問題が無視され，戦後の社会政策学会においてさえ暫くはそれが社会事業問題であって，社会政策問題ではないとされました。しかし，実際の生活問題として公的扶助の重要性が大きく，またとくに救貧制度に淵源する「福祉国家」論が盛んになるなかで，また国際的な範例とされた社会保険中心主義の『ベヴァリッジ報告』の所得保障計画が失敗し，それを補完するとされた公的扶助の役割が増大するなかで，わが国でも英国救貧政策史への関心が強まり，東大社研の福祉国家研究プロジェクトもこの潮流に加わりました。後者のグループからは，大沢真理著『イギリス社会政策史　救貧法と福祉国家』（東京大学出版会，1986年）や，毛利健三著『イギリス福祉国家の研究　社会保障発達の諸画期』（東京大学出版会，1990年）などの大著が産まれました。これ

らは，事実上，大河内一男を含むドイツ社会政策学の批判的継承の流れから離脱して，ロンドン大学が中心であった「ソーシャル・ポリシー」論の枠組みにのった福祉国家史の観点に立つ歴史的研究です。

それはさておき，1834年制定の「救貧法改正法」＝「新救貧法」は，労働能力のある労働者にはそれまで容認されていた在宅救済を拒否し，バスチーユ監獄まがいのごく劣悪な大規模雑居労役場に入所してのみ「独立（＝非救済）の労働者」よりも劣る処遇の扶助を施与するものとし，その懲罰＝屈辱的な抑圧性のために入所による扶助の受救を忌避させて，「自助」を誘導し強制しようとしたのです。もっとも，実際には，入所させれば「独立の労働者」への在宅救貧手当より経費がおおくかかるので，「劣等処遇」の実体はなりたたなかったのです。

この救貧制度改革に対する同時代人によるもっとも有名な批判は，F.エンゲルスの名著『イギリス労働者階級の状態』のなかでの，「プロレタリアートに対するブルジョワジーの最も露骨な宣戦布告は，マルサスの人口論とそこから産まれた新救貧法である」に始まる弾劾[2]です。新救貧法の企画と実施の担当者は，まず貧民救済は道徳的に劣る人種である過剰人口の増殖を促すだけなので救貧制度は廃止すべきであるとするマルサスの主張に共鳴しながらも，自然権としての生存権を公然と否認できないので，救貧を極力劣悪にして受救をひるませ自助させようとしたのです。生存権を極力，圧縮することがこの法律の基本精神であり，それが同時代人であるデイケンズの『オリヴァ・ツイスト』に描かれたような惨状をもたらしたのです。

一方，大沢真理の前掲書がその「序論」で開示した主旨は，むしろその逆に，戦後英国福祉国家を企画した1942年の『ベヴァリッジ報告』の核心をなした「最低生活費保障原則」の「淵源がほかならぬ救貧法に存するということ」を語ることであるとし，この原則の元となったウエッブ夫妻のナショナル・ミニマム論は彼らが「不倶戴天の敵」とした『1834年救貧法報告』における right to relief を受け継いだものであることを強調しています。

しかし，彼女がいうこの「便宜」としての right の確認は，むしろ旧救貧法体制が肯定した自然権としての生存権を消極的に受け継ぐことを確認するものであって，大沢の含意とは反対に生存権承認の消極化こそが「新救貧法体制」の反福祉的攻撃性の正体だったのです。

それに生存権の消極的容認も彼女の発見ではありません。そもそも『1834年

の救貧法報告書』に，受救貧民は「何びとも欠乏によって死なせてはならない」と記され，エンゲルスなども，餓死させることは禁じられていたとしていたのであり，新救貧法が生存権を極力後退させようとしたことこそが問題だったのです。

　大沢のこの本が，トーニーの前掲書も指摘したように旧救貧法体制では消極的に容認された生存権保障の観念を誇大に扱い，また新救貧法に反対した「反救貧法運動」[3] についても，北部の労働者たちの蜂起についても論及しなかったのは大きな欠落だったのです。この反対運動が1834年法の実施過程に影響を及ぼしたことさえ指摘されているからです。

　そもそも1834年の「新救貧法」法案は，労働能力のある労働者は働いて自助出来るのであるから救済しないのが原則であって，もし自助の資質を欠くならば懲罰的に処遇されるべきであり，彼らが救貧扶助を受けるには監獄まがいに劣等処遇をする労役場に入所しなければならないとすること（＝ワークハウス・テスト）によって，労働能力のある労働者を在宅扶助から全面的に排除し窮迫就労させて自助を強制しようとしたのですが，この条項はすでに審議過程で貴族院の反対にあって，強制的でなく条件付きに修正されましたし，法律の実施過程では大方ほごにされ，実際に工業地帯ではその方が安あがりであるとしてごく低額の在宅救貧手当が支給され続けたのです。

　なお，大沢たちがもしこの「反救貧法運動」は短期的なものだから採り上げるに値しないと見たのであれば，彼女は，はからずも社会的闘争の契機＝社会的必然性を否認した大河内理論の生産力説的偏向を受け継いだことになります。私は，むしろ「反救貧法運動」を社会保障運動の萌芽的な先駆をなすものであったとみています。

　それでも，「新救貧法」体制は，産業資本主義的な近代的統一国家が必要とした救貧制度の中央集権的な行政改革をはかり，中央に「救貧委員会」という指導監督官庁を設置して救貧行政の全国統一を図りました。そして実際にも膨大な数の小規模で分散的な救貧行政単位である教区を教区連合に統合しました。そしてまた，その後の1850〜60年代の経済的成長と失業の減少に支えられて，救貧を餓死に瀕する窮民にのみ限定し，労働能力がなくて「救済に値する」貧民には差別・選別的に一時的な慈善を与える施策をすすめて公的救貧扶助を削減し，労働者たちに劣等処遇的で屈辱的な公的救貧を忌避させて「自立・自助」の観念をたたきこむことにかなり成功するのです。この政策をバック・アップ

した全国的な慈善団体が,「自立・自助」強制思想の化身である「慈善組織協会」(COS) であったのです。19世紀末には,慈善による救済費が公的救貧費をはるかに超えたそうです[4]。

ただし,1834年法による改革は,ひとつにはチャドウイックが主導した監獄まがいの大規模で懲罰的な劣等処遇が原則の労役場に入所しなければ救貧しないとしたことに強く反発した「反救貧法運動」に遭い,その一環としての蜂起にも遭遇したこともあって意図通りの施行を妨げられました。またこの院内救済に限ろうとした改革政策は,不況によって増大する失業者の救済にかえって費用がかかりすぎ ,失業者家族を収容するワークハウスを用意もできないなどの無理,矛盾を抱えていて,そのままでは達成できないものでありました。それでもその後に実際には救貧扶助費が削減され,自助強制的な慈善と集団的自助運動が進出できたのは,「ヴィクトリア黄金時代」を中心とした経済成長のために暫くは失業が減少したのと,組織的慈善運動が公的救貧の穴埋めの役割を果たし,そのうえ国の政策にも支援されて集団的自助運動も発展したからなのです。

1) 英国工場立法史については,ハチンズおよびハリソン著『イギリス工場法の歴史』(新評論社) や戸塚英夫著『イギリス工場法成立史論』(未来社) を参照。
2) F. エンゲルス著『イギリスにおける労働者階級の状態』(浜林正夫訳,新日本出版社) 下巻,140 ～ 152 頁。もっとも,エイザ・ブリッグズ著『イングランド社会史』(筑摩書房) は,「新救貧法は,直接に彼の理論の影響を受けて施行されたわけではないが,この法律を支持した人びとの多くは『マルサス主義者』であり,救貧院内での統制をきびしくすることを要求した」(387 頁) と述べています。

　ちなみに,安保則夫著『イギリス労働者の貧困と救済』(明石書店,2005 年) は,1634 頁にこう書いています。「1834 年の新救貧法以来,働くことのできる貧民の取り扱いにおいて政府が一貫して堅持してきた姿勢は,言葉の本来の意味での失業対策のそれではなく,救貧政策の立場からする貧困対策のそれであった。すなわち,働くことのできる貧民については,個人の責任による以外の非自発的失業を原理的に否定したうえで,それにもかかわらず,失業し,生活に困窮したために救貧法の救済をうけねばならないような事態が生じたとすれば,それはもともとその当人の側に勤勉で節倹の徳をもった善良な市民としての資質 (つまり,自立・自助の資質) に欠けるところがあったからであるとみなし,そのような被救済貧民に対しては,もっぱら刑罰を課そうとするものであった。したがって,このような認識のもとに働くことのできる

貧民に対する国家の救済責任を否定した救貧政策は，本来の被救済貧民とは別の貧困者一般については，その救済を私的慈善に委ね，自らはこれに関与しないものとした。だが，貧困対策におけるこのようなレッセ・フェールの政策は，貧困が一時的，例外的である限り有効であるが，貧困が慢性化し，救貧法行政が弛緩する一方，慈善救済が未組織のまま乱立し，永続化するようになると，かえって重大な弊害を引き起こし，そのことがやがて政策に対する一定の修正を必然化するようになった。その最初の修正への圧力は，救貧法当局と民間の慈善団体の双方から，ほぼ時を同じくして，救貧法行政の厳格化と慈善の組織化の運動としてあらわれた。1869 年の救貧法長官 G. J.Goschen の『覚え書』に端を発し，その後，地方自治庁の救貧法監督官を中心に展開された院外救済撲滅の運動，および 1869 年の COS の創設がそれであり，1870 年代を通じて，救貧政策は救貧法当局と慈善団体の緊密な協力関係の下で実施されるようになった。ここで，両者はそれぞれの守備範囲を明確にし，『救済に値する貧民』については私的慈善に，「救済に値しない貧民」については救貧法に委ねることによって，両者の間で救済の重複を避け，無差別，無条件の「施与」を防止しようとしたのです。」

3) Anthony Brundage,The English Poor Laws,1700 ～ 1930, pp.75 ～ 76 参照。

4) Nicholas C Edsall, The anti Poor Law Movement 1834 ～ 44，とくにその Ⅷ　The anti-Poor Law movement and Chartism　と，Anthony Brundage,The English Poor Laws, 1700-1930, pp.74 ～ 75 参照。

5) T.Ellison,. Cotton Trade of Great Britain 1886, 1968,P.95　参照。

第 3 節　熟練労働者たちの集団的自助運動の展開

　もちろん，本来の自助には自発的に努力するという積極面もあるのですけど，資本家階級と国家が労働者階級に押し付けるところの，扶助を受けずに窮迫就労してやりくりさせる「自助」モラルに包摂される傾向が増すなかで，相対的に賃金の高い熟練労働者たちは，自衛のための自助的な共済組合運動を展開させました。英国におけるその代表的な先駆組織が「友愛協会」（Friendly Society）でして，19 世紀まではそれが大きな役割を果たしたそうなのです[1]。

　もうひとつの代表的な共済のありようは，熟練労働者たちの職能別組合＝クラフト・ユニオンです。もともとこの種の労組は，徒弟修行を組合加入資格として組合員だけに入職を認める入職規制をおこなうとともに，それを排除しよ

うとする雇主との闘争資金の準備と失職・疾病・死亡向けの給付の準備をかね
た共済の経営を行うことを活動の二本柱としたのですが，しだいに後者の自助
的な共済組合としての性格を強めたのです。浜林正夫氏によると，その組合費
は賃金の30分の1程度と高いもので，その中に共済事業費も含まれ，19世紀
半ば過ぎには共済事業経費の方が多くなったそうです[2]。

　前述のように英国は，1850～60年代に世界の工場としての独占的な地位の
おかげで，「ヴィクトリア黄金時代」と呼ばれた経済的繁栄を謳歌しました。職
人的な旧熟練労働者たちは，客観的には，結局そのおこぼれにあずかって「労
働貴族」としての特権的な地位を享受しました。全国的に統合されたかれらの
職能別全国組合は，組合員の職業と生活を安定させるために入職規制と共済経
営を強めて「新型組合」＝「ニューモデル・ユニオン」と呼ばれ，財政力のつ
よい「自立・自助」的な労組として安定し，労資協調を訴えることとひきかえ
に法的にも承認されていったのです。

　もちろん，労働組合ですから，自然にそうなったのではありません。いやむ
しろ激しい組合員の一斉解雇＝ロックアウトの攻撃を受け，それと闘ってやぶ
れ，打撃を受けてもなおつぶされない実績を積みあげることで，法的地位を勝
ち取っていったのです。

　「新型組合」の典型とみなされた「合同機械工組合」（ASE）も，1851年に結
成されるとさっそくその翌年に使用者団体から組合員を全員解雇するロックア
ウト攻撃を受け，国の内外から熱烈な支援を受けてそれとたたかい，敗北はし
たのですが，脱退を誓約させられた組合員も脱退せず，組織防衛に成功したの
です[3]。共済もあって組合の方が生活保障能力が強かったのです。

　1850年代から60年代にかけてこのような使用者団体によるロックアウト攻
撃が続きましたが，これらの全国的な「新型組合」は豊富な資金と組合員の熟
練資格を武器とする交渉力に支えられて組織を防衛できました。そこで使用者
側は，不平等な労働法規を利用して組合を攻撃しました。その最初は，労使関
係を主人と召使の関係に見立てた「主従法」を利用しての攻撃です。この法律
によれば，使用者がロックアウトなどよる雇用契約違反で告訴されても，自ら
を弁護することができ，負けてもせいぜい民事上の損害賠償を科されるだけだ
ったのに，労働者たちがストライキをして契約違反で訴えられると，労働者は
法廷で自ら証言できず，敗訴すると禁錮刑を科され，それを済ませても損害賠
償責任が残ったのです。

　ASE などの新型組合は，自らの労使協調主義をアピールして労働組合への団結を容認させようとし，そのための政治的統一行動組織として 1867 年に「労働組合会議」（TUC）を結成し，1871 年に「労働組合法」を獲得しました。その当初の法案には，暴行，脅迫などを処罰する取り締まり規定が盛り込まれていましたが，労組側は，「労働組合法」と「刑法修正法」に分離することにまでは押し戻しました。

　1871 年の「労働組合法」は，労組は単に争議において産業を拘束しただけでは訴追されないこと，組合活動のための協議を共謀罪で刑事訴追されないことにし，労組の信託又は協定を無効にすることを禁ずるとして協約締結権を認めさせ，団結及び団体交渉・協約締結権を消極的に容認させました。しかし，同時に組合側の言い分を逆用して制定された「刑法修正法」は，暴力と脅迫を禁ずるとして争議行為にタガをはめました。その後に裁判所は，使用者側の訴えに味方し，暴行，脅迫の禁止条項を拡大解釈して弾圧の口実とする判決を続出させましたので，「刑法修正法」の廃止が当面の重要課題になりました。そのための熱心な活動に対応して，1875 年に「共謀罪及び財産保護法」と「雇主労働者法」が制定されました[3]。

　この二つの法律によって，労使関係を主従関係とする法理が廃止され，民法上平等であるとする法理が確立されるとともに，団体行動のための協議は「共謀」ではないとされ，平和的なピケット権が容認され，労働組合の財産は法的に保護されることになり，その法的障碍が大方取り除かれて団結権と団体行動権がいわば受動的に容認されたのです。これは，日本社会政策学会では「解放立法」と呼ばれた労働組合立法の世界で最初の成立です。なお，1876 年「労働組合法」は，共済活動を含めて，「新型組合」の日常活動にとっての法的不都合を減らすことによって，75 年法を補充したのです[3]。

　なお，「新型」組合ではない炭鉱夫組合などの有力な労働組合もあって複線的でしたので，職能別組合から産業別組合への発展というウエッブ流の単線的労働組合史には問題があるのですが，職能別組合は自助的＝共済的であるという点でこの時代の労組を代表したのです。

　1 ）まず Pauline Gregg の A Social and Economic History of Britain 1760~1965. pp. 315 ～ 321 によってこの組織の普及状況を概観しましょう。友愛協会は，17 世紀半ばまでに活動が顕著になり，それを支援する国の諸立法もなされて，産業革命後，とくに 19

世紀後半に全盛となり，20世紀に社会保険が普及するにつれて，それに協会の共済機能が吸収されて衰退したそうです。友愛協会は，組合費を拠出できる熟練労働者たちの自主的な共済組合であり，病気や失業や死亡などのトラブルに備える「相互保険」組織として活動しました。友愛協会とその会員の最大の関心事は，疾病と災害への給付であり，死亡や埋葬への関心は副次的だったそうです。ただし，会員たちは，受救貧民になって死亡したとき遺体3を共同の墓穴に投げこまれるのを嫌い，都合が付けば保険会社の埋葬保険に加入しました。

　なお，G.D.H. コールの『イギリス労働運動史』邦訳・岩波現代叢書Ⅱの45頁には，「近代的な友愛協会の本質は，相互保険という方法によって，会員が疾病，死亡，またはその他の不慮の災害の場合に若干の扶助を受けられるようにした点にあった。実際においては疾病扶助と葬儀扶助が飛び抜けて重要な恩典であった」と書かれていて，葬祭扶助の評価がちがいます。同著はまた，共済貯蓄組合として「建築協会」や協同組合をあげています。

　とにかく，友愛協会は，19世紀末までは時と共に発展し，すでに1801年現在でイングランドとウエールズに7000を超える協会が60万人と70万人の間の会員を擁したそうです。そして1874年には会員数が400万人を数えました。その会員数と財政規模が巨大になり，社会への影響が大きくなりましたので，政府は，協会に法人格を認め，財政基金を保護するために，1793年の法律をはじめとする一連の立法によって保護したのです。膨大な数の協会の大方は倒産の危険の大きい弱小協会でしたので，協会の側にも国家の庇護を求める理由がありました。

2）　浜林正夫著『イギリス労働運動史』（学習の友社）125頁参照。

第4節　自由主義的貧困観＝「自立・自助」原則の動揺と国営労働者保険の形成

（1）英国の場合

　本来の「自己責任」による「自立・自助」の原則は，稼ぐ機会は充分にあって稼働能力（意欲と労働能力）さえあれば賃金などの収入を必要充分に稼ぐことができることを自明の前提として成り立つものです。しかし，マルクスが論証していますように，資本主義的蓄積は相対的過剰人口の存在を必須とするものなので，このような想定は架空だったのです。また歴史的にも，1873〜1896年の「大不況」以降，波はありますが失業率が高くなり，とくに半失業＝低賃

金不安定就労が蔓延し，それが「社会的貧困」として認知されるようになると，「新救貧法」体制は動揺し，「福祉国家」の端緒形成とも言われたニュー・リベラルな，救貧扶助の公的扶助化と国営労働者保険の形成がはじまります。ただし，自動的にはそうなったのではなく，やはり階級闘争の再高揚という社会的必然性が作用したのです。大沢真理と毛利健三の大著は，この関係にほとんど触れていません。

英国は，ドイツと合衆国の工業の発達に追いつかれて独占的地位を失うことで，1873年から96年に及ぶ長期の「大不況」に見舞われ，以後，第一次大戦まで高い失業率に苦しみました。とくに低熟練労働者大衆の低賃金と仕事の不安定が深刻で，社会問題のかなめがかつての「受救貧困」問題から，それと背中あわせのはるかに広範な一般的「貧困」問題に広がりました。

この経済のゆきづまりと失業の増大は社会不安をもたらし，急進的な知識人と労働者を社会主義運動に向かわせて社会主義が復活し，社会主義者が関与して「新組合主義」とよばれた戦闘的な大衆的労働組合運動が高まり，社会調査による社会的貧困の発見をうながし，それらの社会的な衝撃が世論と国の政策を「ニュー・リベラリズム」と呼ばれた改良主義に導いていきました。

まず「社会主義の復活」としては，改良主義的なハインドマンが代表したマルクス主義的な「社会民主連盟」（SDF）が1884年に成立し，労働者大衆の戦闘的な新組合主義運動の勃興に関与しました。ついで，ウエッブ夫妻が代表したフエビアン協会が1884年に結成され，そのナショナル・ミニマムの行政改革主義を自由党と知識人に浸透させる働きかけが行われましたが，かれらのエリート主義は，伝統的に独立意識のつよい労働者大衆を離反させ，この大衆的な気分を反映する「独立労働党」（ILP）がケア・ハーデイの指導のもとに1893年に結成されました。

SDFの会員が関与した労働者大衆の運動としては，まず，1986年とその翌年のロンドンにおける失業労働者の集会と暴動が注目されますが，さらにもっと社会を驚かせたのは，典型的な不熟練労働者たちのストライキと労組への団結でした。それは，まず1888年7月に始まり，マッチ労働者組合を結成し，3箇月でほぼ勝利したロンドン下町のマッチ女工のストライキです。さらにもっと大きな衝撃をあたえたのは，1889年8月の2万人をこえるロンドンのドック労働者がトム・マンたちの指導のもとにストライキに決起し，オーストラリアからの3万ポンドにおよぶ多額のカンパを受けてたたかい，与論の圧力に促され

たロンドン市長の斡旋調停を介して9月にほぼ要求を貫徹し,「ドック・波止場・川岸及び一般労働者組合」を結成したことです。これらの新組合は, 社会主義者の指導のもとに, 生活賃金的な最低賃金の要求や男女共通の8時間労働日という国際共通の要求をも掲げて世論の同情と支持を受けてストライキをたたかい,「一般組合」を名乗ってひろく不熟練労働者を団結させ, ASEなどの旧組合をも揺さぶって半熟練職種にも組合の門戸を開かせ, 階級的な「新組合主義」運動を前進させたのです。

　この社会的衝撃は, 貧困は個人の怠惰や浪費によるものであるとする自由主義的な「自立・自助」原則の貧困観を動揺させ, 社会改良を迫るニュー・リベラルな社会的貧困観への転換を促しました。それはまず, 大規模な社会調査によって媒介されました。開明的な造船業者だったチャールズ・ブースは, ハインドマンのロンドン住民の100万人が貧民であるとの主張は誇張であると考え, 真実を明らかにしようと発起し, 19世紀末に私財を投じて住民調査を組織し, 全17巻の『ロンドン住民の生活と労働』を刊行したところ, 彼の予想を超えてロンドン住民の約3割が貧困状態にあることが判明し, 彼自身を含めて朝野を驚かせたのです。ついで, ヨーク市の製菓業者シーボーム・ラウントリーも, ブースに学んで20世紀の前半期に, 再度にわたり,「貧困線」を設定してヨーク住民の貧困調査を行い,『貧乏― 地方都市生活の研究』(長沼弘毅訳)を発表し,「総人口の27.84%が貧乏生活をしている」(訳書333頁)と結論したのです。

　貧困の大きな原因は個人的欠陥でなく社会的であると見る社会的貧困観への世論の転換を促したもうひとつの大きな契機は, 1905年に保守党政府によって設置され1905〜1909年に活動した「救貧法及び窮乏救済に関する王立委員会」での多数派と少数派に分かれての論争と報告でした。大沢真理も明示したように, 両派はともに, 1834年報告が貧困原因の判断においても刑罰的処遇においても誤っていたとの判断において一致し, 多数派は救貧政策を人道的に改革すれば良いとしたのに対し, ベアトリス・ウエッブがリードした少数派は, 救貧制度を全面的に解体し, ナショナル・ミニマム思想に沿って貧困の個別的原因別に行政的に対応すべきであると主張しました。

　この委員会は1905年に保守党政権によって設置されたのですが, 1906年の総選挙で勝利して成立した自由党政府は, 一挙に29名もの当選者を出して結党した労働党を味方につけて帝国主義的な階級同盟=城内平和をつくるためにニ

ュー・リベラルな一連の改良主義的立法を制定しました。その中で有名なのは，① 1906 年制定の「労働争議法」と②「教育（学童給食）法」，③ 1907 年制定の「教育（学童保健）法，④ 1908 年制定の「老齢年金法」と⑤児童法と⑥「炭鉱規制（8 時間労働）法」，⑦ 1909 年制定の「職業紹介法」と⑧苦汗産業「最低賃金法」と⑨住宅，都市計画法，（10）1911 年制定の「国民保険法」，（11）1912 年制定の「炭鉱最低賃金法」，（12）1913 年制定の「労働組合法」です。相互に重なる要素も多いのですが，これらをリードした理念をあげると，第一に救貧予防的な性格がとくに強いのは，②，③，④，⑦，（10）でしょう。第二に，ナショナル・ミニマム性の強いのは，④，⑥，⑧，⑨，（10），（11）です。第三に，雇用・失業関係は，⑦と（10）ですが，その前段として 1905 年に 3 年有期の「失業労働者支援法」が制定されました。第四は労働組合権利法で，①と（12）です[1]。

　これらのニューリベラル・リフォームを代表した「国民保険法」[2]は，ロイド・ジョージ首相がドイツの疾病保険制度を参考にして企画した国営健康保険制度を第一部とし，W.チャーチル蔵相が発起し，『失業』を「産業問題」であると著作した W.H.ベヴァリッジたちに企画させた（労働組合員失業率の過去統計のある業種に限定しての）世界最初の試験的な国営失業保険制度を第二部として，均一拠出・均一給付制を採った英国最初の国営労働者保険法であり，この法律がこの国の社会保険の原型となりました。これらの改良制度は，当面，救貧制度を多数派報告に沿って漸次，人道主義化しつつも解体せずに，その外部に救貧への予防・緩和策として設けられたのです。そしてまた社会主義の復活と新組合主義運動と帝国主義的緊張に対応する安全保障策にもされたのです。この国営労働者保険制度は，労働者大衆を被保険者とし，救貧予防的な安全ベルトとしての均一拠出と均一給付の制度でありましたから，当然，低給付になりましたが，それでも新規に多額の国庫負担を必要としたために保守党優位の貴族院が反対し，これを排除するために貴族院議員の資格を脅かす選挙法の改訂を示唆して必要な予算を確保する「人民予算」を確保したのです。英国では，社会保険の導入に先立って，自助または自助代替的な各種共済と医療機関が根を下ろしていたために，それらの支持・協力を得るため，関係非営利団体に保険事務を代行させ，とくに金銭給付を扱う「認可団体」としてとりこむ政策が採られました。

　無拠出制「老齢年金法」も「職業紹介法」も，やはり救貧の予防と緩和を図

ったもので，後者はその前段に 1905 年制定で 3 年有期の「失業労働者法」があ
りましたが，それらが想定した生活保障水準も，チャールズ・ブースや B.S. ラ
ウントリーが設定した貧困線をはるかに - 下まわるほど，ごく低いものだった
のです。

　この時期には，一方で，新組合主義運動に対する資本家階級の反攻もあって，
労使関係法も展開しました。鉄道業における労働争議が発火点になり，1900 年
に争議に対して損害賠償を課す「タッフ・ヴェイル判決」が行われ，大問題に
なりました。その判決を覆して労働争議による損害賠償を免責する「労働争議法」
を勝ち取る統一闘争のなかで，「労働党」が結成されたのです。さらに，1909
年にこの労働党の力を削ぐために労働組合による政治献金を禁止する「オズボ
ーン判決」がなされ，1913 年制定の「労働組合法」によってそれが廃止されま
した[3]。

　1) モーリス・ブルース著『福祉国家への歩み』（法政大学出版会）第 5 章参照。
　2) Bentley B. Gilbert The Evolution of National Insurance in Great Britain,1963 参照。
　3) G.D.H. コール著『イギリス労働運動史』Ⅲ，第 3 章参照。

（2）ドイツ社会保険の形成

　ドイツでは，資本主義の発展が英国より遅れ，市民革命も遅れたことによる
半封建的な貴族大地主の支配と急激な資本主義化の二重の矛盾，しかも急速な
重化学大企業の興隆と広範な中小企業の残存という二重構造の矛盾もあって，
社会的および政治的矛盾が先鋭化し，急進的な社会主義が展開したのです。

　東ドイツが中心のプロイセン帝国では，ユンカーと呼ばれた大地主階級が支
配し，その政治的な代表者としてドイツ帝国初代「鉄血宰相」ビスマルクが帝
国の官僚と軍隊を掌握して辣腕をふるったのです。ドイツの資本家階級は，
1848 〜 9 年の市民革命において封建的領主階級の権力に敗北したのですが，エ
ルベの西側に重化学工業を躍進させて勢力を伸ばし，闘争＝交渉力のつよい労
働者階級を生み出し，階級的な対立を強めました。地主と資本家は，関税政策
では対立しましたが，1869 年創立の「ドイツ社会民主労働党（SPD)」が代表し
た社会主義運動に対する弾圧では共闘して，階級対立が強まったのです。

　ビスマルク首相は，SPD とその影響下の「自由労働組合」を含めて社会主義
的な政党と労働組合に対しては 1878 年に「社会主義鎮圧法」を制定して弾圧し

ながら，労働者たちを社会主義から引き離すために階級宥和的な社会政策を展開しました。それは，1881年のヴィルヘルム二世の詔勅「社会政策のマグナカルタ」の発出を経て，国営労働者保険三法を世界に先駆けて制定するものでした。それが，1883年制定の「疾病保険法」，1884年制定の「労働災害保険法」，1889年制定の「老齢・障害保険法」からなる，いわゆる「ビスマルク社会保険」三法です。

　ただし，それに先行して普及していた自生的な生活共済などに制約されて，これらの三法も中央集権化しようとしたビスマルクの意のままにはなりませんでした。重化学工業独占資本の勢力増大と英国との帝国主義的対立が高まる中で，独占資本勢力は，政治的覇権をも掌握するためにユンカー出身のビスマルクを失脚させ，帝国主義政策を採り，日和見主義的な主流派社会民主主義勢力との間に産業平和と城内平和のための階級的同盟を構築するために，やはりニュー・リベラルな改良主義的社会政策と「経営社会政策」を採って社会民主党とその配下の労働組合勢力を取り込む政策を採り，後者はしだいに取り込まれて改良主義化，日和見主義化していったのです[1]。

1）カール・エーリヒ・ボルン著『ビスマルク後の国家と社会政策』（法政大学出版局，1973年），藤瀬浩司「ドイツにおける社会国家の成立」（岡田与好編『現代国家の歴史的源流』東京大学出版会，1082年所収，参照。

形成期の英独社会保険の比較
　藤瀬浩司は，第二次大戦後まで残るこの点に関するヘノックの報告[1]を次のように紹介しています。
　「1880年代のドイツの労働者保険法はどのような特質をもっているのであろうか。先に指摘した研究集会でヘノックが報告しているように，1911年のロイド・ジョージの国民保険法と対比してみると次の点が指摘できる。（一）イギリスの場合，均一拠出・均一給付という形態で最低限の生活保障を意図している。拠出・給付における差別は男女間にしかない。保険という形式で給付への請求権が成立しているとはいえ，イギリスの場合には救貧法との極めて密接な繋がりが窺えるのである。『イギリスの健康保険 は，イギリスの失業保険と同様に，個人が自分ではコントロールできない種類の要因によって惹起される窮乏に対する保護として救貧法にとって代わることを意図した 。

それは貧民対策の見地であり，窮乏から貧民家族を守るのはなにかということが判断の基準であり，これに対してドイツの場合には就業時の労働者賃金を基準として拠出額と給付額が定まる。初期の労働者保険給付は低く貧民救済と変わらないという批判があったが，ドイツの保険の主要な意図は，就業時の労働者の地位に応じた生活保障にあった。ドイツの労働者保険は貧民救済とは別の原理から出発しているといえるのである。『ドイツの保険構想は，ドイツ労働者階級の中の弱者に対してではなく，まずもって強者にアピールすることを意図した。それは真の貧民を貧民救済への依存から救出するためにはほとんど何もしなかった。実際，貧民救済が不十分な保険給付を補うことがよくあった。それはむしろ労働者の中の高給の部分に，彼らの生活の要求に適合ししたがってまたかれらが注目し協力するに値する給付を提供することに力点があった。』（二）保険機関，保険組織についてヘノックはいう。イギリスの『国民保険法の構築において問題であったことは，国家機関と社会の任意団体との間の関係であった（＝「認可団体」）。この関係こそ自由党のすべての政治的理論・実践の中心にあった」。そして解決は次の仕方にあった。『失業保険法がうたがいもなく労働組合の経験と実践の基礎のうえに構築されていたのと同様に，健康保険はフレンドリー・ソサイアテイズの経験と実践との関連で形作られた。』保険給付は均一額に限定されていたので労働者の自助への個人的努力と結びついて保険会社などの活躍の場も広く残されていた。実際ドイツの労働者保険に対してしばしば官僚制的とか家父長制的とかいう特徴付けがなされるが，これは誤っている。国家の統制的，財政的関与という面ではむしろイギリスの方が顕著である。しかし，反面ドイツでは，労働者の自助的な共済組織はその機能をもった労働組合とともに制限または排除の方向に規制されている。疾病保険では一応任意共済金庫は認められているが，「団体的強制金庫」—— 1883 年法ではその中心は 50 名以上の就業者をもつ経営ごとに設立される経営金庫，二十世紀に入って中心は地方金庫に移される —— の優位のもとで補充金庫乃至付加金庫としての意義しかもっていない。保険機関は，原因別に，そして産業部門別，地域別或いは労働場所別に独立の機関として成立し，そこでは自主管理が原則であった。しかもここでの自主管理は，事故保険の場合はやや異なるが他の二つの制度の場合，労働者代表と事業主代表との間での対等の協議によって運営・管理することを意味する。疾病保険の場合は労働者代表が事業主代表を圧倒する状況が

1900 年代まで続いた。以上のごときドイツ的特質は第二次大戦後の今日まで基本的に維持されている。』

　この指摘は、事実認識としてはほぼ正しいでしょう。しかし、問題は、それらの歴史的な意味の理解です。英国社会保険における均一拠出と均一給付は、みじめな水準の生存保障を図った救貧政策と強い歴史的つながりはありますが、「自助」強制的な 1834 年救貧法の原則が破綻するなかで、自助的な保険料拠出の保険主義のなかに自助の強制を残しながら、当時としては精一杯の規模で公費負担による社会的扶養を取り入れる改革として、均一拠出・均一給付が採用され、それによって救貧制度のスティグマの軽減も図られたので、生存費にはほど遠いその程度の公費負担でさえ、ロイド・ジョージによる社会保険創設は、「人民予算」と称された議会制度の大改革を賭けた大事業だったのです。もちろん、これでは生存保障は達成できず、やがてはドイツ流の報酬比例年金を併用することになるのです。

　これに対し、ドイツのビスマルク社会保険は、第一に社会主義を弾圧し、社会主義化を予防しようとする政治的意図を主としたために、社会民主主義の担い手となる「強者」としての労働組合員を主たる政策対象としたために、報酬比例の拠出・給付原則を採用したのです。これはこれで自助的な保険主義を取りながら生活を保障する有力な社会保険の方法だったのです。しかし、この報酬比例的な社会保険では、文字通りの「労働貧民」は排除され、彼らの生活保障にはならなかったのです。

　英国のこの改革は、「貧困」の救済政策としては二重の意味で失敗でした。これは、のちにも、均一拠出・均一給付原則を採った「ベヴァリッジ・モデル」の破綻として触れますが、低賃金労働者でも拠出可能なこの方法では、給付が低すぎて「貧困」に対応できず、結局、救貧扶助に大きく依存しなければならなかったのです。

　もうひとつ、1911 年の改革は、既存の私的保険と相互保険の権益を保護し、それらの法人を保険事務を代行する「認可団体」とし、すぐれて自助的なそれらの権益を保護しそれらの営業を前提としそれらと両立させて生活保障をはかるニュー・リベラルな政策を採った結果、拠出・給付の便宜にばらつきが生じたのです。

　一方、ドイツ流の所得比例的な社会保険は、「ビスマルク社会保険」以来、それ自体としては低賃金労働者に対して最低生存費を保障しようともせず、相対

的に高賃金の労働組合員にのみ生活を保障しようとする所得比例的な社会保険
給付をおこなったのです。それは,歴史的には労働組合員を社会主義から遠ざけ,
かつまた熟練労働力を大企業にかかえこむための経営社会政策的でもある政策
手段だったのです。それゆえに,共済組合的な保険は,排斥されなければなら
なかったのです。この点も英国と異なりました。1925年に制定されたわが国の
健康保険法などは,ドイツ型の社会保険立法に学んだものです。

1) E.P.Hennock, The Origins of British National Insurance and the German Precedent 1880
~ 1914,in : W.J. Mommsen in collaboration with Wolfgang Mock (ed.), The Emergence of
Welfare State in Britain and Germany ,1850 ~1950, London 1981。.

第5章　国家独占資本主義化のもとでの社会保障 の形成とその諸矛盾

第1節　両大戦間における「全般的危機」対応の社会保障的な変容

（1）英国の場合

　失業問題は，労働者階級の貧困化の一大要因であるとともに，資本主義体制のアキレス腱でもあります。とくに両大戦間の構造的な慢性的大量失業は，国家財政をも破綻させ，体制的危機をひきおこし，危機対応の国家独占資本主義化とその安全保障装置として社会保障の形成を促したのです。

　英国では，まず1911年「国民保険法」の第2部が，一部の産業に失業保険を設定しました。1918年の終戦に伴う大量の復員と軍需産業の操業停止による失業の急増に対しては，折からの革命の脅威もあって，応急的に気前良く，失業保険給付の2倍ほどの失業手当が給付されましたが，財政的に続かず，三者拠出制にして経費を節約するために，1920年半ばに被保険者数を一挙に約1200万人に拡大する「失業保険法」が制定されました。その法律が制定されたときは，戦後ブームのさなかでしたが，すぐに反動恐慌が来襲し，以後，失業率が10%を下回らない慢性的大量失業がつづき，そのあげく1930年以降は世界大恐慌による激烈な危機に見舞われました。おまけに失業が構造的となった英国の特殊事情としては，投資の産業離れによる技術革新と産業再編の停滞もありました。英国は，「世界の工場」としての地位を失うなかで，残存した寄生的地位，つまり植民地独占と「世界の銀行」に寄生しての資本蓄積に軸足を移し，技術と産業構造の革新に遅れをきたしたのです。そのために在来の基幹産業であったイングランド北部の綿工業や石炭産業や造船業などが衰退し，それが慢性的大量失業の核となったのです。失業期間が1年を超えて失業扶助でしか対応できない長期失業の比重が高まりましたので，なおさら国庫負担がかさんで財政危機が深刻になり，1931年に「失業保険（国民経済）令」第1号と同第2号によって国庫貸付を制限し，1932年11月制定の「ニード決定法」によって「過渡的給付」を資力調査付きの失業扶助としました。それらの失業保険制度の合理化は，1934年制定の「失業法」に行きつきます。同法の第一部が「失業法定委員会」

64

所管の失業期間１年未満の短期失業を扱う失業保険制度を規定し，第二部が「失業扶助庁」所管の長期失業対象の失業扶助制度を規定しました。その前後に，失業扶助への資力調査の導入や，失業扶助と公的扶助の不均衡への不満と反発があり，保険財政の破綻による労働党内閣の瓦解などの政治的混乱があり，共産党員ウォル・ハンニングトンが指導した大規模な失業反対運動が繰り広げられました。結局，第二次大戦によって暴力的に解消されるまで「解決」しなかった慢性的大量失業問題は，社会保険と公的扶助を全体的に危機に陥れ，そのための全般的な生活危機と財政および政治危機に対応するために，社会保障と関連サービスの全体的な改革に迫られることになりました。それは，まず失業保障改革に代表された社会保険と社会扶助の危機的な結合と動員の経験が示唆する方向での社会保障の形成であり，また総力戦対応の国家的な統制と動員の経験が示唆した「福祉国家」に向けての国家機能の発展的動員の必要だったと見ることが出来るでしょう。それをバック・アップした経済理論がケインズ主義だったのです。もはや，個人責任主義的な「自立・自助」原則は色あせたようなのですが，どうして，どうして，個別に労働力を販売し稼働して生活を自助させる資本主義経済社会の基本原理はしぶとく，ニュー・リベラルな『ベヴァリッジ・プラン』からネオ・リベラルな反動まで貫徹してやまないのです。

（２）ドイツの場合

　ドイツは，大戦の敗戦国として，とくに強く大戦の惨禍と後遺症（激烈な戦後インフレや賠償負担）に苦しみ，その社会的反作用ともいえる1918年の民主革命とワイマール憲法の制定，社会民主党主導の反共的な労資協調同盟＝「全国労使共同体」の成立が見られたのです。それは，服部英太郎先生が『ドイツ社会政策論史』上・下巻においてくわしく論証されましたように，社会民主主義的「自由労働組合」系労働官僚を特権的に優遇し社会政策機構に取り込むことを通じて組合員大衆を共産主義から隔離して国家機構に結合・緊縛しようとしたワイマール体制であったのです。

　さて，この社会民主主義的な「労資同権」的なワイマール体制からナチスの独裁に向かう社会政策の展開を，ここでは失業者保障にしぼって概括してみましょう。1918年のドイツ革命前の第二帝政時代の社会政策は，大地主階級を代表したビスマルクが首相であった時期とその失脚後の独占企業制覇の政治体制（ベレルプッシュ）期に分けられます。社会民主主義勢力を主たる対象とした社

会政策は，この段階では，未組織の労働貧民大衆の失業問題をふくむ貧困問題に対しては何らの施策も講じなかったのです。失業問題が組織労働者を含めて全労働者を覆う体制的な問題となって社会政策の主要な対象とされるようなったのは，第一次大戦後のことです。

　ドイツでも，1918年の敗戦にともなって生じた復員兵と失業者の急増に対して，まず11月13日の政令で，1年間の緊急措置として失業扶助の支払いが布告されましたが，強い社会不安と政治的緊張もあって，その後も更新されつづけました。1924年のドーズ・プランによる合衆国からの融資を得て技術革新を伴う産業合理化が推進され，経済が復興し相対的な安定が得られましたが，技術革新への不適合による構造的失業が生じ，組織労働者の失業も増大して失業扶助を増やさざるを得なくなり，財政が逼迫しましたので，失業扶助の経費を労使に拠出させる失業保険への転換が準備され，社民系労組の支持をも得て，1927年に「職業紹介および失業保険法」が制定されました。それは，保険料率を賃金の3％とし，三者拠出の失業保険を主体とし，それで財源が不足するときは国が「緊急援助」として国庫負担による失業扶助を行うことにしました。ところが，早くも20年代末に向けて国庫からの借款が累増し続けたうえ，1930年以降に世界大恐慌が襲来して，失業が爆発的に急増し，失業保険財政と国家財政の破綻に導きました。そこでワイマール憲法が用意した懐剣である大統領の緊急令による非常大権により，保険料を6.5％に引き上げて給付を切り下げ，黒字にしました。その一方で社民党とその配下の労組もコミットしての強制仲裁によって協約賃金も切り下げ続けられていたため，労働組合員たちまで離反し，相次ぐ総選挙で共産党とナチスが躍進し，戦前最後の1933年の総選挙でファッショのナチスが勝利すると，それが共産党による国会放火事件をでっち上げて独裁制を敷き，失業保険などを強制徴税機構に転変させ，社会保険における自助的な保険料拠出制度を戦争国家の武器に転用させたのです。

第2節　戦後英国型の福祉国家の形成とその諸矛盾

（1）「ベヴァリッジ・モデル」＝社会保険本位の所得保障と公費による医療・
　　福祉の計画

　さて，紙幅の余裕もなくなってきましたので，戦後の日本に関わらせて，英
国福祉国家の計画とされた『ベヴァリッジ報告』について述べます。
　社会保障制度審議会の 1950 年の「勧告」に於いても制度審議会が社会保険本
位主義を採るためにもっとも参考にしたのは，英国において 1942 年に提案され
た『ベヴァリッジ報告』であります。この『報告』は，社会保険による最低限
の「生存費」保障を本旨とし，自助努力を奨励するものでもありました[1]。し
たがって，これはニュー・リベラルなものだったのです。これには，ベヴァリ
ッジ自身のニュー・リベラルな思想と社会保険財政の逼迫が反映しました。『ベ
ヴァリッジ報告』は，標題が示す「社会保険と諸関連サービス」によって全国
民に最低限の生活を普遍的に保障する計画を示したものとして，英国福祉国家
の青写真になったといわれたものです。それは，結局は不十分なものであり，
その目的を達成できないことになりますが，提唱されたときは，抽象・観念的
にではなく具体的に生存権保障計画を示そうとしましたので，同国内で労働者
階級などから熱烈に歓迎されたばかりでなく，日本を含めて国際的にも大きな
影響を及ぼすことになりました。
　この『報告』は，資本主義的な生活の「自立・自助」原則による公的な生活
保障の限界をも明記しておりました。つまり「生存費」（subsistence）保障とし
ての限界です。この社会保障計画は，主に社会保険によって，成年男性労働者
を典型とみなした勤労者に均一額の保険料を課し（既婚女性は夫の保険料の拠
出に依存させる），その保険料収入をプールして均一額の金銭給付を賄い，貧窮
のためにそれからはずれる保険料拠出不能者にだけ公的扶助を給付することに
よって，全国民に「ナショナル・ミニマム」としての「生存費」だけを保障す
るものとし，それを超える所得は私的に任意保険に加入することなどの自助努
力で得させようとする計画でありました。そしてその生活保障計画を有効にす
る前提条件として，国民が健康で働けるようにするために全国民包括的な保健

医療サービスを用意し,「完全雇用」計画で雇用が維持されるようにし, 多子による貧窮を回避させるために（ひいては労働力の世代的再生産を確保するために）児童手当を給付することを「関連サービス」として付記したのです。

　しかし, そもそも保険料の拠出能力がないか, あってもそれが乏しい無産の労働者同士の均一拠出で,『報告』が構想したように必要充分な生存費の給付をまかなえるはずがなかったので, かかる社会保険による生存費保障計画は必然的に失敗し, 広く「国民扶助」で補足することが必要になりました。その結果, むしろ『諸関連サービス』, なかでも NHS による国営保健医療サービスの方が, 事実上の英国社会保障制度の目玉となったのです。このことは, 私自身がそのサービスを受けることで痛感したことでもあります。私の場合には入国審査に預金高まで提示させられたほど厳しいものでしたけど, 住民登録条件を満たせば, 全住民が国籍に関係なく等しく NHS の医療を全く無料で受けられたのです。すばらしいことで, ありがたく, 強い感銘を受けました。

　私は, 不運なことに, 1982 年の春, 海外研修のために渡英後ほどなくがんが発症し, NHS のお世話になり, 圧倒的に英国人の税負担で医療費を賄ってもらったのです。この経験は, 拙著『されど, 相澤與一』（『福祉のひろば』, 2019 年）にも記載しましたので, ご覧ください。この処遇にとても感銘しました。入院中に差別を感じたことは全くありません。英国のひとたちと NHS は, 命の恩人になったのです。この事例は, 英国が 19 世紀まではパックス・ブリタニカの盟主としてグローバル化し多くの移住者を受け入れてきた経験をもつこと, この国にながく救貧医療の歴史もあり, その苦闘の経験をふまえて NHS を立ち上げ, 医療福祉のグローバルな国際連帯にまで進んでいたことを示すものであったのです。

　もっとも, 私が 1982 年の 7 月から 8 月にかけて NHS の病院に入院し癌の手術などを受けたときには, すでにサッチャー政権が, 1982 年の 9 月からは短期滞在の外国人の入院医療費を有料にする法律を制定していました。この措置も彼女のネオ自由主義的改革の一環だったのですが, それだけを取り上げれば, 一面では, もっともな改革だったとも言えます。グローバリゼーションのもとで英国の労働者階級は, もはや外国人の医療費まで負担する余裕がなくなっていたのです。彼らの EU 離脱賛成投票にもそれが反映したのかもしれません。

　1）大部の『ベヴァリッジ報告』のうち, 文脈に関連するごく一部を拙訳によって紹介

しましょう。

「17．社会保障計画の主な特徴は，稼得力の中断および喪失に対処するとともに，出生，結婚，または死亡のさいに生ずる特別の支出に対処するための社会保険の仕組みである。この仕組みは，6つの基本原則を含んでいる。それは，均一額の最低生活給付，均一額の保険料拠出，行政責任の統一，適正な給付額，包括性，および被保険者の分類である。・・・それらを基礎とし，補足的方法としての国民扶助及び任意保険としていかなる状況でも困窮が生じないようにすることが本計画の目的である。」

「9．第3の原則は，社会保障は国と個人の協力によって達成されるべきものであるということである。国は，サービスと拠出のための保障を与えるべきである。国は，保障を組織化するに当たっては，行動意欲や機会や責任感を抑圧してはならない。またナショナル・ミニマムを決めるにあたっては，国は，各個人が彼自身および彼の家族の為にその最低限以上の備えをしようとして，自発的に行動する余地を残し，更にこれを奨励すべきである。」

「409．本報告で用いられる社会保障とは，一定所得の約束を意味する。本報告に於いて設定される社会保障計画は，所得を維持することによって欠乏からの解放を勝ち取る計画である。しかし，欠乏からの解放は，人類の本質的自由の一つに過ぎない。狭義の社会保障のどんな計画でも この分野にまたがる一連の社会政策を前提として必要とする…。・・前提として必要とされるのは，児童手当と包括的医療保健サービスと雇用保障である。」

（2）「ベヴァリッジ・モデル」＝社会保険中心の福祉国家モデルの脆弱性

　前述のように，介護保険制度の導入を勧告した社会保障制度審議会の 1995 年勧告は，社会保険こそ 21 世紀社会保障の新たな理念である「助け合い」にもっともふさわしいとのべました。この理屈は全く非科学的なのですが，現代資本主義も「自立・自助」原則を体現する保険主義を貫くことを示しているのです。そして保険主義的な所得保障計画を代表した『ベヴァリッジ・モデル』は，日本でも，英国でも，戦後の社会的変化と適合しないものとなり，社会保障としてはきわめて脆弱なものになったのです。

　ちなみに，日本における社会保険方式の不適合問題としては，介護保険制度の失敗例が典型的です。元々，介護保険制度に反対の筆者と立場は違いますが，それが存続する限りで，利用者としてもその改良を求める立場で連帯する立場から，この問題に関する簡便で有益な最近の文献として，岩波ブックレット『介護保険が危ない』をお勧めします。発足後 20 年間を経たこの制度は，一貫して

給付を切下げながら保険料とともに利用者負担を引き上げ，この制度と一体的に導入した消費税を3％から10％にまで引き上げながら，その収入の大方を他の目的のために流用し，献身的な介護関係労働者の低賃金問題を処遇改善で糊塗することにまで利用者負担の引き上げ分を当て，こうして当事者を犠牲にして収奪し，格差と貧困を強めながら黒字を維持してきたのです。

　私も社会保険方式に全面的に反対しているわけではなく，それも社会的扶養性を高めれば生存権保障の有力な政策手段となることを強調しています。それでもなお，御用学者が依拠する社会保障制度審議会の1995年勧告のような社会保険至上主義は，もはやまったく破綻していること，租税の応能負担を財源として社会的扶養を高めること，とりわけ公的扶助をもっと重視し，ベーシック・インカムと医療・介護等の社会サービスの無拠出保障を整備することを求めているのです。

　そこでここでは，自助強制的＝保険主義的な「ベヴァリッジ・モデル」ではジェンダー差別や不安定雇用に適応できなかったことを，英国の研究論文集『社会保障と社会の変化　―　ベヴァリッジ・モデルへの新たな挑戦』（Social Security and Social Change ―　New　Challenges to the Beveridge　Model ; Edited by Sally Baldwin & Jane Falkingham,1994）によって例示し，日本の今後を考える上での参考に供したいと存じます。

　あらかじめこの本の主旨を私流にいいかえますと，つぎのようになります。社会保険方式としての，フルタイム正規雇用の夫のみを家計収入の稼ぎ手と想定する拠出制原則に立脚するベヴァリッジ・モデルは，社会の変化としての，女性の労働力化の急増と結合した性別役割分業と家族の変化，離婚・未婚の母親と母子家族を主体とする片親家族の増加，失業とりわけ長期失業の増加，「非典型」＝非正規の不安定・低所得就労の激増，パート・タイマーを中心とする女性の賃労働の増加により共稼ぎが多数となり，片稼ぎ家族が貧困となる傾向や，高齢者の増加などにより，ますます実情にあわなくなり，一般障碍者とその家族介護者や低所得と不安定就労の女性と老人を社会保険から「排除された市民」として貧困状態に追いやり，社会保障を社会変化に適応させる必要を切迫させています。またこのモデルが女性の無償の家庭内労働をただ夫の稼ぎに従属し協力する限りで評価し，彼女らの社会保障受給権を家庭内の役割と引換えに夫の稼ぎと彼の社会保険拠出から派生するものとしてのみ認めるのを改め，女性の自立に役立つものに変える必要があります。男性本位の拠出制保険は本

来社会の変化と矛盾し，かつまたその矛盾を強めてきたものでありますから，社会保険も必要でありますけど，抜本的には拠出制によらない個人別の普遍的な最低生活保障（ベーシック・インカム保障）が必要である，というのです。

　本書の主旨は，とくに序論と第1章に代表されます。まず編者たちによる序論によれば，W. ベヴァリッジの報告『社会保険と関連諸サービス』，通称『ベヴァリッジ報告』は，そもそもから一般市民の障碍や離婚または未婚の母のようなニーズへの対策がないというギャップをもつものでありましたが，その後の50年間に生じた家族の変化，高齢者の増加，母子家族・片親の増加，女性の労働力への参加の急増，パート・タイマーの膨張と長期失業の出現などの顕著な社会的変化によってヴァリッジ・モデルが対応できない難問が増えていますので，本書は，『ベヴァリッジ報告』が本来もつギャップと，ギャップのその後のさまざまな拡大を検討し，21世紀の社会保障の進路をさぐるものであります（1〜2頁）。『ベヴァリッジ報告』で定式化されたモデルは，かのラウントリーの第二次調査を論拠として，貧困の主な原因が労働者の失業や老齢化となり，賃金労働者を主な被保険者とする社会保険によって解決可能になっているとしました。拠出に依存する社会保険の原則は，男性が完全雇用状態にあって，男性だけが家族の生計費をまかなうに足る賃金を稼ぎ，女性は家事を担当するという性別役割分業が行われ，そして家族はめったに壊れない安定したものである，という三つの想定を前提にしたのですが，これらの想定は当初から疑問視されたうえ，その後ますます現実的でなくなり，したがって拠出原則もまた不適当なものになったというのです（3頁）。

　また，基調論文的な第1章「社会保障と貧困緩和：ひとつの経験的分析」によれば，社会保険は，賃金労働者が多数を占めるとともに豊かなこと，貧困は何よりも主に短期間の稼ぎの中断から生ずること，という二つの条件を備えている社会において有効なのですが，英国社会がかつてこの条件に適合したことがあったかどうか疑問であるうえに，今日ではもはや適合しないことが明らかでありましょう（11頁）。この単純なモデルが今日の英国社会の社会的および経済的状態の十分な説明を与ええないことは，次の三例にしめされます。第一に，おもに民営の「職域年金」などの福利給付が発達したため，退職などによって稼ぎがなくなっても必ずしも貧困にならない例，第二に，今日貧困である人々のほとんどは短期の収入中断によるものでない例，長期失業や青年失業者や片親たちが貧困になる例なのであり，そしてこれらの集団が二, 三十年この方いち

じるしく増加してきたのです。第三に，今日の労働者は 50 年前に比べて高賃金・安定雇用状態にある場合が少なく，自営職やパート・タイマーが激増し，またフルタイム労働者でさえ育児費をまかなえるほど稼ぐのが困難です。そして「社会保険の見通し」としては，社会保険の諸給付は一般に，第一には以前の拠出に関連づけられ，第二に所得よりはむしろ失業や老齢などのような事故をベースとし，第三に大部分は他の世帯員の所得の影響を受けないのですが，そのうち今日の経済社会でもっとも不適当なのは第一の拠出依存原則であり，この原則のために無保険・無年金の貧困者集団が増大しているといわれます。「保険に基づく諸給付は，現代の英国福祉国家の建設において決定的な役割を果たした。しかしながら，我々の全証拠が，その役割はもはや終わったこと，給付受給資格の基礎として保険料の拠出を用いることは今日の貧困者のニーズにあわないことを示している」（28 頁）。これが本章の結論です。

　関連して，ベヴァリッジ型「福祉国家において制度化された性差別的想定が女性たちに不利益となってきたことを示すために年金制度を分析する」第 13 章を少し紹介しましょう。ベヴァリッジ改革は，「雇用によって給付を受ける権利を獲得するのは主に男性であり，結婚した女性と寡婦は彼女らの夫の拠出記録から派生するものとして権利を得る」（217 頁）ものと想定しました。高齢者を中心に女性だけの世帯が増加し，女性の独立年金の必要性が増しました。たしかに女性の雇用は増加しましたが，圧倒的にパートタイムだったのです。経済成長期には労働者の半分近くまで職域年金への加入者が増加しましたが，それも男性本位，性差別的で，労働市場での不平等を反映するものでした。職域年金は，低い国家的給付と結合して，既婚女性の労働市場での不利な立場を永続させ，老齢期における貧困と依存に導いている」（222 頁）。「われわれの結論は，ベヴァリッジ・プランによって形成された年金制度は，老齢の女性たちがその（人間）再生産的役割のために不利益を被ることがないようにすることに失敗したということである。‥女性は，ますます自分自身の所得を期待し必要とするが，女性の雇用の型にもっと適する公的年金が導入されなければ彼女らの年金収入が充分に改善されそうもない。職域年金や個人年金は，老齢期の貧困から女性を守ることができないのである」（234 頁）。

（3）　　ベヴァリッジ・モデルに適合しない不安定雇用の増大
　近年の労働市場の変化として顕著で重大なものの中に失業，とりわけ長期失

業の増大と，本書では「非典型」労働諸形態，「新たな諸労働形態」と名付けられた不安定雇用の急増があります。本書の第2部は，すでに第1部でジェンダー＝性差別とかなり重なるものとして取り上げています。不安定な雇用・就業の増加とそれに対する社会保障の適応問題を扱っています。とくに冒頭の第5章は，「諸労働の型の変化と社会的保護に対するその諸関連」を論じていて代表的です。

　この章では，前半で，非典型労働諸形態としてのパートタイム労働，臨時労働，自営職，OECD加盟諸国におけるそれぞれの増加の模様が統計的に概観され，それぞれの不安定性の具体的模様と増加の需給両面の諸原因が挙げられています。供給要因の中には，不況時の非自発的パートの増加や，女性たちの家事と市場労働との両立欲求などが列挙されました。増加の需要側要因については，費用が安上がりであることなどの理由で「会社側が非典型労働諸形態を利用したがる」こと，「自営職の女性を除いて，すべての非典型労働形態を利用したがる」こと，「自営職の女性を除いて，すべての非典型労働形態の雇用量が衰退部門よりも成長部門により多く存在することが明らかである。サービス労働者中に高率のパートタイム労働者が存在する。したがってサービス業の持続的成長はパートタイム労働の一層の増大をもたらすであろう」（87~88頁）と言われました。

　後半では，経済的・社会的福祉の諸条件が扱われています。「非典型労働諸形態のすべてが経済的に不利な立場を伴うものではない」が，「多くの場合，彼らの稼ぎは比較的少なく，中断されやすい。しばしば彼らは，常用的なフルタイム労働者と同じ職業的諸給付（休日，年金など）をうけられず，訓練も昇進も機会が少なく，典型的には昇給表もない。解雇通知や解雇手当に関する最低条件を保証する雇用保護立法が適用されない場合もある」（88~89頁）。もちろん，不安定雇用に就く人々にさえ「社会的保護」の必要がある。自営の場合稼ぎは不安定であり，パートタイム労働は時間単位でも週単位でも低賃金になりやすく，臨時労働は収入が不安定である。多くの非典型労働者の低賃金は，その時々の所得に対してだけでなく彼らの労働生涯全体の資産取得能力にも不利にも影響する。第二に，OECD加盟国の間でも社会保障による非典型労働者の扱いはさまざまであるが，一般にこれらの労働者たちの社会保険に対する権利はその他の労働者たちよりも不利である。社会保険に代表される「社会保障の構造」がフルタイム労働者を典型としているからである。若干の国の非典型労働者た

ちは，社会保険を受ける権利をまったくもたない。しばしば保険給付は一定の期間内に積み立てられた拠出を基に算定されるか，あるいは当該年度内に彼らの報酬が一定の最低水準に達する場合にのみ算定される。いくつかの国では週労働時間数と月額のそれぞれの最低が特定されており，それらを下回る膨大な数の労働者が社会保険から排除され，しかもその無保険の労働者が増える傾向にある。また，社会保障を補足するものとみられがちな職域福祉と個人年金からも排除されがちである。さりとて，社会扶助さえその適用基準の狭さと資力調査のために受給が容易でなく，家計補助者としての女性には給付されない（88~95頁）。

　代替政策としては，まず失業保険などをパートタイマーなどの非典型労働者に拡張するなどの社会保険改革も必要であるが，抜本的には，「就労歴やその時点での職業的地位と関係なく斉一の給付が支給される」最低所得保障制度を設ける必要がある，というのである。これらのことは，わが国の不安定就労者についてもおおかた当てはまる知見でしょう。

　不安定就労者の代表的形態は，女性のパートタイマーである。とくに既婚女性の多くが家事をにないながらパート労働などによって家計を支えている。第1部「変化への適応：ジェンダーの役割と家族」の冒頭，第2章「彼女はその他の勤めをもつ ── 女性と市民権と社会保障」は，不安定就労と社会保障のジェンダー差別とをつなぐ論理を含んでいます。

　「ベヴァリッジ以来50年この方，男性中心の家族／雇用モデルが，若干の変容はあったが，いぜんとして社会保障制度における女性の地位を規定し続けている。明示的な性差別の撤廃を定める平等待遇の達成も，平等の結果を保障しなかった。その主な理由は，ベヴァリッジ・モデルの核心にある『標準的な雇用関係』が本質的に男性の標準であるからである。実際の諸雇用形態は，その標準とますます違うものとなり，一般のいわゆる『非典型的』労働者に，とくに女性に不利なものとなり，彼女らのますます多くがパート労働に就き，その労働時間が縮小しつつある。ベヴァリッジ・プランの中心をなす拠出制の原則は，ケア労働を，おもに拠出記録のある程度の保護を通じて，ほんの少し保護するだけである（1986年社会保障法によるSERPSの改革のあとには一層制限された）。拠出制の原則は，稼ぎが国民保険適用最下限の稼ぎに満たない約225万人の女性と，（その多くのアジア系の女性である家内労働者を含む）臨時または不規則の労働に就く推計

150 万人の女性を完全に除外している。フルタイムより短い時間働く人々は，とくに不規則ならば，拠出制諸給付の受給に必要な拠出条件を満たす所得要件を形成することが困難である。彼女らはまた，給付を受けられない『無駄な拠出』をすることになる可能性がもっと大きい」（32 〜 33 頁），といわれました。

（4） 女性の貧困とベヴァリッジ・モデル

女性が高齢期に窮乏する危険が男性より大きいことは，すでに前掲の 13 章や 14 章を紹介したときに，女性賃労働と社会保障のジェンダー差別に関係するものとして説かれました。女性の貧困にさらに関わる要因には，家族の不安定化と無償の家事労働があります。第 3 章「家族と労働と社会保障」は，この点にも言及しています。

「労働市場への女性の参加の増大と家族の不安定化は，社会保障の有効性に深刻な影響を及ぼしてきた。一方では，ばらばらに壊された家族生活が家族中心の社会保障網から滑り落ちる危険を増大させた。他方では，共稼ぎ家族数の増加は，多くの場合稼ぎ手が一人の家族の賃金では ― したがってまたそれらの賃金から得られる社会保障収入も ― 家族の最低のニーズを満たすに足りないという状態を引き起こしてきた」（45 頁）。「働く女性たちは，他人から得られる社会保障の受給権を自分の受給権に加えることが全くまたは部分的にしかできないために『無駄な』拠出を行なっている。これらの問題にかんがみてコストを支払うのに足りる諸給付の個人化と普遍化（individualization and universalization）が第一に探究されるべきである」（60 頁）。共稼ぎの増加とともに賃労働と家庭内無償労働との結合が問題化し，「無償労働の新たな危険を社会保障内において経済的にカバーしなければならない」のであり，そのためには労働の概念を無償労働を含むものに拡大しなければならないのである（61 頁），と言われました。

第 14 章「女性たちの有償及び無償の役割：社会保障はいかに適応すべきか？」は，標題に関するシュミレーション分析を試みたあと，つぎのようにのべています。「夫を既婚女性に対する保険の主な源とするベヴァリッジ・モデルは，明らかに時代遅れである。我々は，繁殖とケアの責任が依然として多くの女性にとって経済的ハンディキャップになっていることを指摘してきた。・・労働市場への女性たちの進出は，彼女らに男性たちとの平等の地位を与えなかったし，

おそらく今後も与えないだろう。一般の考えに反して，それはパートナーへの多くの女性の従属を消滅させずに減らしただけである」（253 頁）。「我々は本章の実験において，よりましな基礎年金以上に部分的な依存によく適する社会保障制度はないことを発見した。・・・年金における女性の平等な取り扱いには，介護者に対する労働市場機会の改善と無償の諸貢献への評価を高めることの両方が必要である」（254 頁），というのです。

　第 4 章「連合王国における片親（家族）と社会保障」は，家族の不安定化の中で女性差別的な社会保障のベヴァリッジ・モデルが矛盾としての貧困をもたらすことに接近している重要論文です。「ベヴァリッジの社会保障計画は，労働と家族に関する三つの基本的な想定を基礎とした。」序論が再録した前述の，男性の完全雇用，夫が稼ぎ妻が家事をするという家族内の性別分業，家族の安定性，という三つの想定です。しかし，この「三つの想定は，今やすべて時代遅れである。すなわち，失業と不安定雇用が広がり，三夫婦中二夫婦が共稼ぎであり，結婚の半分が離婚に帰し，5 分の 1 の家族が片親である。現在，連合王国内に約 125 万の片親家族がおり，これらは国内最貧困家族の一部をなす。1991 年現在，片親家族の平均可処分所得は，全体平均の週 299 ポンドに比したったの週 145 ポンドである（Central Statistical Office,1992, p.62)」。『ベヴァリッジ報告』も「国民保険」も母子家族を主体とする片親家族への経済保障の用意がなかったために，それらの多くを貧困と受救貧民に追いやりました。そして 70 年代以降 90 年代にかけて片親家族は倍増し，しかも失業が急増し「雇用が減少するにつれて（社会扶助）給付が急増し，当然貧困が増大しました。平均所得の半分しか所得のない者が 1979 年に片親のおよそ 19％であったのが，1989 年までにそれが 50％に増大していた」（70 頁）」のです。1974 年のファイナー報告の開明的報告と少々の改革（1975 年の児童手当割増給付，のちの片親手当）ののち，サッチャー政府が家族の自助責任ととくに父親の扶養義務を強調する社会保障・家族政策を採るなかで環境が一層悪化したのです。ただし，必要十分な（adequate）所得を得られないのは片親家族だけではありません。労働市場における「雇用の不安定と低賃金」の拡大によって，「ますます多くの家族が雇用，とくに稼ぎの雇用で必要充分な所得を得ることができなくなっている。本質的には，賃金が生活費の主な収入源であるというベヴァリッジ・プランの基本的想定は，片親の大多数を含め，ますます多くの人々にとって虚偽となりつつあるようにみえます。」そこから，雇用中断中の賃金補償にとどまらずに，児童だ

76

けでなくすべての個人に対する国家による所得補償の抜本的拡充を　求める要請が生じている」（75頁），というのです。

（3）社会保険方式の矛盾を緩和する生活保障原則を

　我々の理解によれば，1942年の『ベヴァリッジ報告』は，総合的な社会政策戦略の一環として窮乏を解決するために，全国民包括的な社会保険によってナショナル・ミニマムとしての最低生活を保障しようとした点で，生存権保障政策発展の一画期をなし，日本を含めて戦後の世界に大きな影響を及ぼし，社会保障の広範な展開を促すものとなったのです。　しかし，それにもかかわらず，この本が取り上げた社会保険方式としてのベヴァリッジ・モデルは，拠出制本位の国民皆保険的な社会保険を主体としたために，必然的に彼の意図にも反して最低生活の保障を実現できず，貧困の救済を公的扶助の拡大にゆだねざるをえなくなるとともに，公的保障を低く抑えることになって生活保障の民営化を促し，高賃金・安定雇用の階層を職域年金等の民営福祉の拡大に委ねることになったのです。

　その一方で，このモデルは，当初から女性へのジェンダー差別を組み込んでいたため，戦後，家族の不安定化と解体の傾向のなかで母子家族と高齢女性などの貧困の拡大を促すことになるとともに，雇用のジェンダー差別のもとで急増した女性労働中心の不安定雇用労働の絶対的，相対的な急増と相関しあう中で，社会保険からも排除される低所得および不安定就労階層を増大させることになったのです。その結果として，一般国民を雇用および所得と社会保障の両面で二極に，「二つの国民」に分裂させることになったのです。

　拠出制保険主義の社会保険は，現役・非年金年代における障害や疾病とジェンダー差別と不安定雇用などの，雇用と保険のハンディキャップを高齢期の無年金や低劣年金に反映させ，生涯にわたる差別を拡大再生産するという矛盾をもつものでした。

　第8章「ライフ・コースの近代化：社会保障と高齢者への影響」は，冒頭と最後でこう述べています。「1980年代と1990年代における社会政策は，ライフ・コースにおける分裂と不平等について多くの重大な挑戦に直面してきた。これらの発展はさまざまに，福祉国家のリストラ，人口の高齢化，有償及び無償労働者としての女性が当面する諸問題，社会内の不利な立場の再生産要因としての民族性の重要性の増大に関連してきた。これらの展開は，過去20年間におけ

る労働市場の政治経済の変化を通じて強められ，若干の集団の長引く失業と早期退職や低賃金雇用への委棄をもたらした」（132頁）。「社会保障が挑戦すべきは，老齢期における（他者への）依存と貧困が引退前の労働生涯の半ばと後期に経験される諸問題，すなわち疾病や，低所得や，失業やケア提供のプレッシャと関わる諸問題を反映する仕方にある。これら問題を解決することが，来る50年間に老齢にすでにあるか，または到達する人々の貧困問題に取り組むうえで大事であろう」（146頁）。

　ベヴァリッジ・モデルと呼ばれた男性本位の拠出制保険主義を採る社会保険制度は，本来，被保険者に対してすら最低生活を保障する能力をもたず，しかも保険料の安定的拠出能力を欠く人々を給付から排除するものだったのですが，「社会の変化」は，この社会保険から排除されるひとびとを増加させました。近年の資本主義を特徴づけるいわゆるリストラクチュアリングとフレキシビリティや，規制緩和と生活保障を含む民営化の追求は，失業の増大，雇用の不安定・流動化，不安定雇用の増加を加速させ，ジェンダー問題についても平等化を求める国際的規範の発展に対抗する逆流を促し，公的福祉のリストラと福祉の階層格差を強め，多くの女性をふくむ無保険・無年金者を増加させています。近年勢いを増している民営保険などの生活保障の民営化は，本書でもあきらかにされたように，構造的に一層広く社会的弱者を排除し差別を拡大するものです。最低生活の保障と福祉の差別縮小と底上げのためには，やはり公的福祉の改革を中心にするしかないのでしょう。

78

むすびにかえて

（1）　民主主義と生存権の保障

　永年，英国の社会保障論に触れ続けていてつらつら思うに，それは概して実証的なのはよいとして，プラグマティティックで，透徹する理論に乏しいと考えてきました。かろうじてそれらしきことを拾うとすれば，ウエッブ夫妻が開発した「ナショナル・ミニマム」論があり，ブースとラウントリーが事実上それを社会調査に応用したことになる「貧困線」論があり，それを行政計画化した『ベヴァリッジ報告』の「生存費」保障計画があるということになるでしょう。これらは，つまるところ「生存権」保障論に帰着します。そういう観点からみれば，大沢真理の前掲書が，「福祉国家」論のみなもとを 1834 年の「救貧制度に関する王立委員会」が取り上げた right to relief に求めようとした着眼は興味深いものでした。

　しかし，彼女がそれに最低生活保障論の淵源を求めようとしているかのように語っていることには賛成できません。やはり，多くの人が認めてきたように，1834 年の改革の核心は生存権の圧縮攻撃だったのです。そしてそれでも自然権としての生存権は否認しきれなかったことを裏書きしているのです。彼らが主観的にはマルサス主義を支持していても，それでもやはり政治的にはコモンローによる生存権の保障までも否認はできなかったこと，そしてそれほど大きな抵抗に直面していたことを逆に裏書きするものであったのです。自然権としての生存権は，「新救貧法」に反対した民衆暴動などを含む反対運動や貴族院による強制的なワークハウス・テストへの反対などに反映していたのです。したがってまた福祉国家主義的な傾向の淵源は，1834 年「改革」の誤りを認めて改良主義に転じた 19 世紀末葉以降のニュー・リベラルな改良主義的な政治にその端緒があるのです。

　もちろん，自然権としての生存権は，それよりは遥かに古く宗教的な律法に発し，古代専制国家といえどもそれを保障すべく努めなければなりませんでした。さもないと人民の反乱にさらされたからです。そもそも自然権的な生存権の保障は，共同社会と人類社会が存続するための必須要件ですので，1834 年の

圧縮攻撃をも制約したのです。したがって民衆の力が増し，民主主義が発展すると，それと一体的に生存権も民主主義に必須の積極的な権利に発展してきたのです。

　生存権と民主主義とは，いわば不即不離，一体的な関係にあるものです。この問題を考えるとき，A.D. リンゼイ著[増補]『民主主義の本質　——　イギリス・デモクラシーとピュウリタニズム　——』（未来社，1992 年）も参考になります。著者は，その第一章において，ピューリタン革命軍幹部会議での論争を紹介し，そこで参政権を資産保有者に限るべしと主張した有産派が，そこで全ての人に生存権と参政権をと主張した無産派＝レヴェラーズを間もなく弾圧することで，民衆の支持を失い，市民革命の完遂に失敗するのです。

（2）グローバリゼーションに対する福祉国家と福祉の国際的連帯を
　しかし，今，主な資本主義諸国は，世界市場と各国の政治経済を制圧しているグローバルな金融・独占資本が資本蓄積の障害として福祉国家を排撃していることに同調して，ネオ自由主義的な政策によって福祉国家のリストラ政策を推進しております。その結果，我が国を含めて各国の保健・医療と介護などの社会的装備も不足・疲弊し，命の安全保障がないがしろにされているさなかに，新型コロナウイルス感染症のグローバルなパンデミックに襲われて命の危機が広がり，経済も生活も麻痺し，危機に陥りました。日本はまだ死者は比較的少ないほうですが，公衆衛生と保健・医療の危機的な欠乏が明かになり，多くの人が失業し，生活難に喘いでいます。「自粛」も失業と生活難の大きな原因になったのに，日本政府の生活補償は消極的で，しかもその補償公務を裏で利権をシェアする電通のような業者に丸なげしているのです。安倍流の政治を止めさせなければ，命も家計ももたないのです。

　多くの人々は，かならずしも政府を信用して「緊急事態宣言」に従ったのではなく，むしろ破廉恥極まる安倍政治を信用できないので，自発的に自衛のために「自粛」したのです。少なくとも私はそうです。

　英国は当初 EU 離脱にかまけてという事情もあったのでしょうが，ブレディみかこが近著『ワイルドサイドをほっつき歩け』（筑摩書房，2020 年）で告発している保守党政権による福祉国家リストラ攻撃によって NHS が機能を弱めているなかで，スウェーデン流に自然感染による自然抗体の普及に委ねようとしたことが裏面に出て，多くの死者を出しました。失政だったと思います。昨

80

年の10月に首相に就任したボリス・ジョンソン首相までコロナに罹患し，しかも重症化してNHSのICUに保護されて救命されたのです。彼は，サッチャーのあとにつながる保守党主としてNHSの一層の民営化をも追求するはずだったのに，この度のNHSによる救命医療に大いに感銘したのか，NHSは英国の宝なのでぜひ守らなければならないと述べ，かつてサッチャーが，英国には福祉的な「社会」などなく，あるのは個人と家族だけだと述べたことばをもじって，英国には「たしかにその種の社会がある」（there really is such a society）と述べて世界をおどろかせました。とにかく，彼の呼び掛けに答えて，引退済みの医療関係者が2万人も医療活動に参加し，そのほかに80万人をこえるボランティアが応募したそうですから，すごいですね。この「社会」ということばには，福祉連帯的な共同社会といった意味があるようです。やはり，NHSによって救命された私も感慨深く，感銘を受けています。

　ところで，近頃著名なブライトン在住のブレディみかこが日本では「安保法制」が時の話題だった2016年に岩波から上梓した『ヨーロッパ・コーリング』に書いたものの中に，偶然これと関係する符合する文章を見つけました。「日本が「自由と民主主義」を求めて一国の平和を死守しようとしている間に，欧州は次の段階に移行している。それは国境を超えたグローバル資本主義との戦いだ。実際，マルクスの考えでは，社会主義は自由と民主主義より進んだものになるはずであった。……時代はあきらかにそこに戻っている。……

　「一番の問題は，そもそもの富の分配だよね。そろそろサッチャーを忘却の彼方に捨てて，マルクスまで戻って見る」というのが欧州の民の動きだとすれば，さすがに彼らは生存本能が強い。老いて行く国々には福祉重視の社会主義的な政治のほうが向いている。

　「福祉の概念が根付いていない日本には，私たちが言う意味での「社会」は存在しない」と言ったのは，日本在住経験のある30代の英国人翻訳者だった。‥」

　たしかに英国の方がマルクスの時代から国際的に連帯して労働運動を進めた経験も多く，NHSによる医療福祉の国際連帯でもはるかに進んだ経験を持っています。そしてマルクス主義の呼び声は，プロレタリアートを中心にしての国際連帯，下からの「万国の労働者，団結せよ」であり，また大衆は福祉においても国際的に連帯せよ，であるはずです。

　それでいて，英国でさえグローバリゼーションの下での雇用の軋轢や医療費問題でも苦しみ，年輩の白人労働者たちはEU離脱を支持したのです。こうい

う矛盾を理解しあって，グローバルな国際連帯を追求したいものです。国際連帯に無関心な利己主義は，自国民同士をも傷つけあうわけで，自滅の途です。グローバル資本主義による福祉国家解体攻撃に反対して闘わなければなりません。しかし，それを成功させるためにも国際的連帯が必要なのです。

　福祉の国際的連帯については，中村哲さんが偉大なので，彼に学びたいものです。

執筆者略歴

相澤　與一（あいざわ　よいち）

　1933 年山形県生まれ。東北大学経済学研究科経済学博士取得により修了。

現在 福島大学名誉教授

著書に

『国家独占資本主義と社会政策』未来社，1974 年。

『現代最低賃金制論』労働旬報社，1975 年。

『イギリスの労資関係と国家』未来社，1978 年。

『現代社会と労働＝社会運動──労働の社会化と現代的貧困化』労働旬報社，
　1979 年

『社会保障の基本問題』未来社，1991 年。

『社会保障の保険主義化と「公的介護保険」』あけび書房，1996 年。

『日本社会保険の成立』山川出版社，2003 年。

『障害者とその家族が自立するとき』創風社，2007 年。

『医療費窓口負担と高貴高齢者医療制度の全廃を』創風社，2010 年。

『日本社会政策の形成と展開』新日本出版社，2016 年

『社会保障のルネッサンス── 医療と介護の民主的な包括的社会化を──』創風社，
　2019 年

生活の「自立・自助」と社会的保障 ── グローバリゼーションと福祉国家──

2020 年　7 月 15 日　第 1 版第 1 刷印刷　　ⓒ
2020 年　7 月 25 日　第 1 版第 1 刷発行

著　者	相　澤	與　一
発行者	千　田	顯　史

　　〒113‐0033 東京都文京区本郷 4 丁目17‐2

　　発行所　（株）創風社　電話（03）3818‐4161　FAX（03）3818‐4173

　　　　　　　　振替 00120‐1‐129648

　　　　　　http://www.soufusha.co.jp

落丁本・乱丁本はおとりかえいたします　　　印刷・製本　協友印刷

ISBN978‐4‐88352‐261‐3